新时代地方高校工商管理专业人才培养模式探索

杨俊青　杨菊兰　等◎编著

中国财经出版传媒集团

经济科学出版社
Economic Science Press

图书在版编目（CIP）数据

新时代地方高校工商管理专业人才培养模式探索/
杨俊青等编著．－－北京：经济科学出版社，2022.6
ISBN 978－7－5218－3681－3

Ⅰ.①新⋯ Ⅱ.①杨⋯ Ⅲ.①地方高校－工商行政管
理－人才培养－培养模式－研究－中国 Ⅳ.①F203.9

中国版本图书馆 CIP 数据核字（2022）第 081085 号

责任编辑：于　源　冯　蓉
责任校对：李　建
责任印制：范　艳

新时代地方高校工商管理专业人才培养模式探索

杨俊青　杨菊兰　等◎编著
经济科学出版社出版、发行　新华书店经销
社址：北京市海淀区阜成路甲 28 号　邮编：100142
总编部电话：010－88191217　发行部电话：010－88191522
网址：www. esp. com. cn
电子邮箱：esp@ esp. com. cn
天猫网店：经济科学出版社旗舰店
网址：http://jjkxcbs. tmall. com
北京密兴印刷有限公司印装
710×1000　16 开　12.5 印张　200000 字
2022 年 8 月第 1 版　2022 年 8 月第 1 次印刷
ISBN 978－7－5218－3681－3　定价：52.00 元
（图书出现印装问题，本社负责调换。电话：010－88191510）
（版权所有　侵权必究　打击盗版　举报热线：010－88191661
QQ：2242791300　营销中心电话：010－88191537
电子邮箱：dbts@ esp. com. cn）

序　言

　　地方高等学校工商管理专业以培养适合地方经济发展需求的企业家与职业经理人为主要目标。培养符合新时代与地方经济发展需求的企业家与职业经理人，不仅需要有深厚的政治、经济、管理等理论知识和文化素养，还需要有对社会实践环境的理性认知和深刻理解，这样才能在不确定的环境中，面对随时可能出现的各种不确定性，带领企业走上长期稳定健康发展的道路。

　　山西财经大学工商管理专业以"培养新时代与资源型经济转型所需企业家与职业经理人"为主要目标，在研究新时代与资源型经济转型所需企业家与职业经理人应有的素质、知识、能力的基础上，研究制定人才培养方案；根据培养方案，探求教师如何教、学生如何学、管理人员如何管3大主题；突出强化与课堂教学相融合的实践教学手段的创新，包括晋商创新创业精神和管理思想熏陶、数十家实践基地实训、管理案例与创新创业大赛和营销策划大赛、企业运营仿真模拟实验、振东管理大讲堂和管理智慧大讲堂听讲、国际化视野开阔6项特色教学活动；即进行新时代地方普通高等学校工商管理专业"1+3+6"人才培养模式探索与实践。

本书就是对这一人才培养模式的系统性解析和详细介绍。全书共 12 章，主要内容如下：

第一章为"1＋3＋6"人才培养模式内涵、运行情况、创新之处、主要观点和思想及其运行成效简介。

第二章和第三章为"1＋3＋6"人才培养模式中的"1"，即通过思考和提炼企业家与职业经理人所需的素质、知识和能力，并在党的十九大报告提出中国特色社会主义进入新时代之后，根据中国经济社会发展在新时代对企业的新要求，对新时代企业家与职业人所需的素质、知识和能力进行了全新诠释。以此为目标，将工商管理专业建设的历史积淀与新时代的新要求相契合，本着对标一流、凝聚优势、立足资源型经济转型、特色鲜明的原则，构建素质、知识、能力立体融合的培养体系，体现以学生为本，以学生素质、知识、能力整体协调全面提高为培养目标。

第四、第五、第六章为"1＋3＋6"人才培养模式中的"3"，聚焦于教师如何教、学生如何学、管理者如何管三个核心问题，通过调查研究以及教与学之间的互动反馈和循环迭代，通过以立德树人为主线的灵魂塑造，从三个方面探索适用于培养工商管理专业人才所需的教法、学法和管法。

第七至第十二章为"1＋3＋6"人才培养模式中的"6"，其中，第七章是在"双创"背景下的创新创业教育和利用明清晋商的文化积淀进行晋商精神熏陶，以此培养学生的创新创业意识和能力，并从晋商精神中汲取养分，培养学生的企业家精神与商业思维和服务地方经济建设实现资源型经济转型的使命感与责任感；第八章是立足工商管理专业的应用性实践性特征，探索与省内多家公司建立长期合作关系，为学生提供实训实习基地，在边学边看边实践中，提升学生主动思考的能力；第九章是通过组织管理案例大赛和营销策划大赛所实施的"以赛促教、以赛促学"的实践教学模式探索，培养学生应用所学知识解决实际问题的能力，参赛学生在教师指导下为企业提供的营销策划与管理问题解决方案常常超出企业的预期，使企业受益良多；第十章是通过 ERP 实验课模拟现实运作，在多年的教学互动实践中，ERP 课程对于培养学生的战略决策意识、团队合作精神和相关的专业素养起到了潜移默化的作用，对于培养学生的企业家与职业经理人思维和能力，也起到了引领和影响作用；第十一章是为学生提供讲座平台，通过邀请国内知名专家学者和校友等为学生提供针对社会热点事件、管理实践前沿和成才成长等主题举办专题讲座，开阔学生视野，拓展实践教学形式，培养学生对实践问题的思考和领悟能力；第十二章是在全球化时代，立足人才培养的使命，主动开拓学生国际视野，通过国际化交流与合作，在推进国际化认证、与国外院校合作互派留学生等方面进行的有益尝试。

山西财经大学工商管理专业通过"1＋3＋6"人才培养模式，在多年学科建设中所作的实践与创新，可以为国内有工商管理专业的同类院校提供借鉴和参考，也期望借此与同行交流。当然，我们深知，做好工商管理专业人才培养是一项需要长期探索永无止境的工程，本书所述内容只是对我们粗浅认识和以往实践的一个总结，还要在今后的实践探索和思考研究中不断改进，也期望得到同行专家和各界有识之士的批评指正。

杨俊青

2022 年 2 月 18 日

目　录

第一章
"1+3+6" 人才培养模式总论

高等学校的根本任务是培养人才,要培养人才就需要有好的人才培养模式。好的人才培养模式应根据社会需要,结合自身优势而形成。山西财经大学工商管理专业在多年教学、科研实践中,2006年将工商管理专业人才培养模式总结为"1+2+4"人才培养模式,并被山西省教育厅批准为"山西省工商管理专业'1+2+4'人才培养模式创新试验区"。伴随中国特色社会主义进入新时代与国家资源型经济转型"蹚新路"需求,在近几年实践基础上,"1+2+4"模式已发展成为"1+3+6"模式。本章将对山西财经大学工商管理专业的"1+3+6"人才培养模式的内涵、运行与成效进行介绍和分析。

一、"1+3+6" 人才培养模式内涵

(一)"1+2+4" 人才培养模式初探

"1"就是始终以培养企业家与职业经理人为长远目标。

"2"体现"教"与"学"两个层面。"教"就是打造培养企业家与职业经理人的教师团队,注重教师的科研与教学、理论与实践相结合,坚持教学科研、理论实践相辅相成。"学"就是在注重学生的"宽口径、厚基础、高素质、重创新"基础上,解决好学生学什么和如何学的问题。

所谓"宽口径"就是根据管理的科学性、艺术性与综合性的特点,要求学生在大学低年级学好通识性基础课:英语、计算机、数学、哲学、政治经济学、科学社会主义、毛泽东思想、邓小平理论、"三个代表"重要

思想、科学发展观和习近平新时代中国特色社会主义思想的同时，广泛阅读或选修心理学、政治学、社会学、历史学。英语、计算机、数学是获取知识的工具。哲学是立身之本，哲学可使未来的企业家和职业经理人学会如何看待与处理得与失、成与败，如何将不利因素转化为有利因素，如何在困难中寻找机遇，获取成功；政治经济学、科学社会主义使未来的企业家掌握与明白人类社会基本演进规律与未来发展方向；毛泽东思想、邓小平理论、"三个代表"重要思想、科学发展观、习近平新时代中国特色社会主义思想是马克思主义哲学、政治经济学、科学社会主义在中国的具体运用，是已经中国化的马克思主义，从学习中使未来企业家体会到什么是实事求是，如何做到实事求是。要学会管理还需懂得人们的心理、预测人们的需求，未来的企业家不能唯利是图，而应以国家、天下为己任，应以顾客或消费者为上帝，这就要求未来的企业家应该是政治家。要成功管理好企业还应懂得人们的风俗习惯与社会历史，从中寻找需求，所以未来的企业家还应选修与学习好心理学、政治学、社会学、历史学。

所谓"厚基础"就是应学好专业基础课：管理学、经济学（西方宏观、微观经济学）和法学等；学好专业课：战略管理、人力资源管理、财务管理、组织行为学等。

"高素质"就是改变社会上现存的有知识低素质问题，素质应包含德、智、体、美、劳各个方面。针对 80 后、90 后、2000 年后出生的大学生特点，应强化其体魄，加强品德修养和社会责任感与感恩教育等。

创新是一个民族的灵魂，企业家精神的精髓就是创新，作为以培养企业家与职业经理人为目标的工商管理专业无疑更应"重创新"。创新与如何学紧密相连，要创新应在掌握上述知识基础上，深入实践提出问题，通过透视与剖析前人理论，提出解决现实问题的理论模型与对策建议。目前在我们的大学生与社会中存在着一种错误观念，认为从事工商管理专业工作主要靠的是实践经验而不是理论，管理好与不好的衡量标准主要看赚了多少钱，导致我们的学生上了大学后忙于赚钱打工，轻视理论学习。我们对此的看法是，要做事业，要做企业家与职业经理人就必须有深厚的理论知识积淀。理论水平的高度直接决定了工商管理专业人员的职业高度。

"4"就是在理论学习的基础上，融入晋商精神熏陶、ERP 实验模拟、管理案例与营销策划大赛及数十家实践基地的实训。山西财经大学地处山西省省会太原,在山西大地上曾出现过辉煌 500 年、闻名海内外的晋商。晋商精神本质上是一种企业家精神。晋商中有许多优秀文化与管理制度和方法是值得我们学习与借鉴的,所以我们要融入晋商精神熏陶。ERP 实验模拟就是在实验室模拟实际企业运行,锻炼学生的企业组织与运营思维和能力。管理案例与营销策划大赛是引进企业出题,教师编写案例,之后组织学生参加比赛,通过企业参与评价的比赛机制,锻炼和培养学生运用专业知识分析和解决企业管理实际问题的能力。数十家实践基地的实训是通过与数十家企业建立人才培养战略合作关系,使之成为工商管理专业的人才培养实践基地,组织选派学生去基地进行在岗实训,以此培养学生对实际管理问题的观察、思考和实践能力。

(二) 从 "1+2+4" 到 "1+3+6" 人才培养模式发展

"1+2+4"模式发展为 "1+3+6" 模式,是在上述 "1+2+4" 模式基础上,根据实践需要进行了拓展与完善。"1" 就是将原来的 "1"——始终以培养企业家与职业经理人为长远目标具体化为以培养新时代与资源型经济转型所需企业家与职业经理人为主要目标,将 "2" 变为 "3",即将原来的 "2" 中的 "教" 与 "学" 两个层面,变为了 "教" "学" "管" 3 个层面,加入了立德树人塑造学生灵魂的管理模式;将 "4" 变为 "6",体现理论学习之外的人才培养方式不再仅仅局限于上述 4 个方面,而是加入了振东管理大讲堂与管理智慧大讲堂、国际交流与合作。振东管理大讲堂与管理智慧大讲堂是近年来通过深化与实践实训基地企业的合作关系为学生提供的讲座学习平台。学生通过听讲座,可以对企业实践、社会热点问题、最新理论观点等有深入的理解与思考,同时通过听讲增长见识、开阔眼界、更新知识、扩展思维;通过听讲拉近学校学习与社会实践的距离,逐步培养学生对社会的责任感和对现实问题的理性思考与思辨能力。国际交流与合作是近年来通过加强国际交往、参与国际交流,积极走出去、请进来,以此开阔学生眼界,增强学生国际化适应能力,培养具有家国情怀、国际视野的新时代与资源型经济转型所需企业家与职业经理人。

"1 + 3 + 6" 人才培养模式的运行，通过师生身体力行，在教、学、管的合作中树立起了师生员工做人、做事、做学问的合作共赢理念；培养了学生的市场敏感度和社会责任感、市场创新力与团队精神，增强了学生对经营管理问题的思考和分析能力；拓宽了学生的视野，在新时代，可以在复杂的国际环境下应对各种跨文化管理问题。学生在工作中能够自如运用所学知识，应对突然变化的 PEST 环境，通过进行细致的 SWOT 分析，自觉抵御市场风险，冷静处理企业经营管理中出现的各种问题，在激烈的市场竞争中实现企业盈利与社会效益的双赢。

二、"1 + 3 + 6" 人才培养模式运行探索

（一）做好人才培养方案与教学内容的动态调整

在新时代和资源型经济转型所需企业家与职业经理人的培养目标确定后，能否实现培养目标？人才培养方案的制定、教学内容的调整和教师教学质量的提高以及教学方式的改革等成为关键环节。

在 2008 年教育部对学校本科教学评估取得的成绩基础上，根据全球经济发展与学校人才培养方案制定的要求，结合"1 + 3 + 6"人才培养模式内涵，适时修订了工商管理专业人才培养方案。方案强化了课程体系的调整以及晋商精神熏陶、ERP 实验课、社会实习实践、管理案例与营销策划大赛、振东管理大讲堂和管理智慧大讲堂听讲要求以及国际交流与合作。在此基础上，完善了教学大纲、教案，提高了多媒体教学水平。

（二）强化师资队伍建设

提高教师以培养新时代与资源型经济转型所需企业家与职业经理人为目标的教学水平和实践能力。

一是引导和鼓励教师走出校门进行以实际问题为导向的科学研究，将论文写在祖国尤其是资源型经济转型大地上，避免教师做脱离实际的科研。二是通过鼓励教师参与教学观摩比赛和在教研室活动中交流探讨教学

方法等提高教师的教学水平。三是将教学、科研、学科、导师团队合一，在以问题为导向的科学研究中，创新教学内容，对创新的教学内容综合，形成教材；在科学研究中，提高教师水平，高水平教师给学生上课，提高教学质量；在科学研究中带学生参加调研，培养学生创新思维。四是组成教学团队，每门课由3～5人共同开设，在课前、课中、课后进行课程教学研讨，在研讨中，提高教师水平与教学质量。五是派教师到国外与国内名校学习、观摩教学情况，开阔视野，提高素质、能力。六是与实际管理部门和企业家联合进行科学研究与教学，提高教学与企业管理实践的融合效果。七是发挥学院教指委作用，对学院专业建设、课程建设、教学活动进行指导监督。八是通过学生对教学效果进行背对背评价反馈等事前事中事后控制方法，促进教师提高教学水平。九是成立案例中心，鼓励教师根据企业实践编写教学案例，通过自编案例与教学内容的有机结合提高教师基于实践的教学能力。十是加强课程思政建设，提高教师政治素质，培养学生面向未来成为新时代企业家与职业经理人为国为民的初心与使命。

（三）做好精品课程和一流专业建设

做好精品课程建设，使精品课程成为学院教师备课的参考教案；在一流专业建设中使教、学、管更加规范。2020年"管理学"被教育部认定为国家一流课程；"现代企业人力资源管理""供应链管理"和"战略管理"被山西省教育厅认定为省级精品共享课程；"现代企业人力资源管理"立项教育部工商管理教指委核心课程金课建设项目。工商管理专业2005年入选山西省"品牌专业"，2012年入选"山西省特色专业"，2018年入选"山西省优势特色专业"，2019年入选"山西省省级一流专业"，2020年入选"国家级一流专业"。以工商管理专业为基础的工商管理学科在第四轮学科评估中获得B＋评级，2018年获评"山西省优势学科攀升计划"建设项目。

（四）做好专业教材建设

一方面，积极引进先进适用的教材；另一方面，借助本专业雄厚的师资力量和丰富的教学经验，进行自身的教材建设。教材编写不能东拼西凑，而要在自己多年从事教学研究基础上，对专题进行综合研究。目前已出版教材《管理学》《人力资源管理》《市场营销》《管理经济学》《工资管理学》《战略管理》《企业文化》等。2020 年对 2009 年出版的《人力资源管理》进行了修订再版，形成了工商管理专业核心课程新教材《现代企业人力资源管理》；2019 年 8 月对 2013 年出版的经管法各专业基础课教材《管理学通论》进行了修订再版，形成了工商管理专业的专业基础课课程教材《管理学》；2019 年出版了"十三五"普通高等教育应用型规划教材《组织行为学实验实训教程》。随着与教材配套的教学参考资料和教学课件的完善，教材、教学参考资料与教学课件已形成三位一体的立体化教学体系。

（五）做好实习基地实训课建设

管理是科学性、艺术性和实践性很强的学科，加强实践教学是工商管理专业实现培养目标的基本要求。为了搞好专业实习，工商管理专业与太原钢铁集团有限公司、太原重型机械厂、太原化工集团、山西铁龙水利水电基础工程有限公司、太原市联运公司、万家寨水利枢纽有限公司、山西新联汽车销售有限公司、太原清风国美电器有限公司、山西蓝海集团、同至人购物中心、山西振东集团等多家企业建立了稳定的合作关系，为学生实习实训提供基地。实习基地的建立，既为学生开辟了专业实习的场所，也为他们开辟了就业的途径，同时为专业教师的社会实践、调查研究提供了便利。

（六）搞好管理案例与营销策划大赛

学校每年引进一个赞助企业，由企业选一个主题出题，通过邀请企业管理人员来校为学生做讲座介绍企业及其当前面临的问题，并派教师和学生代表去企业实地调研，将企业的问题编成案例。之后由学生每 7 人组成一个参赛队，进行案例分析或营销策划。参赛作品经过企业管理人员与指导教师初选后，进入陈述与答辩阶段，最后经由企业高管与教师组成的专家委员会现场评选点评，评出奖项。获奖的作品成为企业经营管理与产品营销的参考方案。通过比赛，达到使学生将所学知识用于实践的目的。每年一次的大赛也激发了学生对专业课学习的浓厚兴趣和热情，并锻炼了学生的组织、策划与管理能力。

（七）抓好资料库建设

一是每年为资料室增加购买最具影响力的管理类图书 800 册，增加选订经济管理类期刊 10 种，同时增加购买最新的一些电子资源；二是为方便教职员工在家阅读资料，在教职工申报基础上每年为每位教职工个人订一份专业杂志。

三、"1+3+6" 人才培养模式创新探索

（一）教学内容创新研究与实践

依据新时代与资源型经济转型对企业家与职业经理人要求，进行教学内容创新。创新的教学内容形成了系列教材。

2019 年 8 月对 2013 年出版的专业基础课教材《管理学通论》进行了修订再版，形成了《管理学》课程教材；2020 年对 2009 年出版的《人力资源管理》进行了修订再版，形成了工商管理专业核心课程教材《现代企业人力资源管理》。这些教学内容的创新之处为以下几点：

（1）针对现有管理理论存在微宏观管理脱节问题，用市场的供求关系机制贯穿课程各章，使学生对微观企业人力资源管理的理解能够从职能层次上升到企业战略与宏观经济环境层次。

（2）针对学生知道"怎样管多、知道为什么这样管少"的问题，将人力资源管理置于经济学与管理学的比较研究框架下，使学生知其然并知其所以然，能够更好地运用知识解决实际问题。

（3）针对重知识传授轻思想教育问题，一是以习近平新时代中国特色社会主义思想蕴涵的"人本管理"思想培养学生的人本管理理念；二是通过讲好全心全意为人民服务与"看不见的手"相融合的内在机理使学生们更加坚定"四个自信"、增强"四个意识"、做到"两个维护"；三是通过

课程内容设置与课堂研讨机制，使学生树立个人、团队、组织、社会合作共赢的做人、做事、做学问理念。

（4）针对教学与服务地方经济发展结合不够紧密的问题，将对资源型经济转型发展极具启发意义的晋商人力资源管理、资源型企业管理作为专题融入课程内容，培养学生的创新创业思想，为资源型经济转型发展服务。

（二）教与学的方法创新、提升教学效果的研究与实践

1. 课堂教学方法研究

与教学内容相适应，服务于培养新时代资源型经济转型所需企业家与职业经理人的专业建设使命，研究采用以问题为导向（由教师、企业家提出问题），教师为主导，学生为主体，从传统教师单一讲述型教学模式转变为以研究型、案例教学和项目式教学为主，教师、学生与企业家协作"会诊"的教学模式，启发学生探究学习。在此过程中，与学生共同推论知识、发现知识、构建理论，用推论、发现的知识，构建的理论解释解决现实问题，培养学生实践—理论—实践的做人做事做学问的认知思维与管理者应有的行为规范。

2. 实践、实验教学方法研究

在原有的数十家实践与实训基地建设基础上，一方面根据教学内容的需求对这些基地企业进行优选增减；另一方面通过与企业深度联系，以学生与教师共同编写企业案例用于课程教学，并在此过程中为企业提供管理咨询等方式，既为资源型本土企业服务，又在深度解析资源型本土企业的过程中，增强学生从实践中体验管理和感悟管理的能力和意识；同时，通过 ERP 企业实验模拟课程到企业运营仿真模拟的不断完善，在模拟实践教学中培养学生的决策实践能力和对实践中各种决策条件之间复杂联系的理解和驾驭能力。此外，通过为学生提供振东管理大讲堂和管理智慧大讲堂两个讲座平台，从专业理论与实践学习和思想教育两个方面，在使学生开阔眼界、增长见识的同时，培养学生对社会热点问题和管理实践的专业敏感度和理性思维能力，不断增强通过管理工作服务社会的使命感和责任感。

3. 管理实践与理论相比较融和的教学方法研究

针对理论科学性与科学理论在应用于管理实践中的灵活性、艺术性讲解不够，学生学习缺乏兴趣这一问题，将课程团队的科研成果运用到经济社会发展尤其是国家资源型经济转型发展中遇到的问题上，通过与学生共同破解难题，指导学生撰写论文，提出解决问题对策建议与管理策略等，使学生感悟理论科学性与管理实践艺术性，激发学生学习兴趣。并通过开发资源型企业案例应用于课堂教学，提升人才培养服务资源型经济转型发展的效果。

（三）教学管理创新、夯实学生思想政治教育基础的研究与实践

以立德树人为主线（将学生做人、做事、做学问相统一），研究如何引领学生树立正确的人生观、世界观、价值观，将专业学习置于坚定的政治觉悟和服务国家、服务社会经济尤其是资源型经济转型的理想信念以及良好的伦理道德观的统领下，塑造学生知行合一的专业素养。并通过创新创业大赛、晋商精神熏陶培养学生的创新创业精神和服务资源型经济转型发展的自觉性和能力，使学生不仅能够掌握广博的知识和精深的专业技能，还能有家国天下的理想信念、创新创业的事业激情以及为山西经济社会发展献计献策的主动性，为将来走向社会成为有用人才，避免成为精致的利己主义者打好思想政治教育的基础。

（四）探索开放办学、开阔学生国际化视野的创新与实践

针对中西部院校对外交流不多、国际化视野受限的问题，以开放办学的理念，主要从请进来、走出去、参与国际认证等方面研究探索开阔学生国际化视野。

第一，积极引进海外留学生与选送优秀学生到海外学习及遴选学生参加国际交换项目，拓宽人才培养的国际视野。

第二，合作研究与举办国际研讨会，2018 年 4 月，以工商管理专业教师为主体的山西财经大学研究机构——山西省中小企业发展研究院与德国FOM 大学签署了德中经济科技研究中心合作协议，举办了 2018 年德国制造与中国制造研讨会、中小企业发展的德国经验研讨会。

第三，聘请国外高校知名学者给学生讲授专业基础课，如由国际知名工商管理研究学者、"百人计划"专家杜伦大学邓红教授为工商管理专业学生开设"管理学研究方法"线上系列研究课程。

第四，选派教师到美国、欧洲及国内著名高校做访问学者与教学观摩；并通过全力推进英国工商管理硕士协会（AMBA/BGA）金牌认证，加大教师国际交流与合作支持力度，以培养具有家国情怀、国际视野、符合新时代资源型经济转型要求的企业家与职业经理人。

（五）科研活动聚焦资源型经济转型，服务人才培养目标实现的创新与实践

为培养学生创新思维、服务资源型经济转型发展，以工商管理专业教师为主要研究人员的山西省高等学校人文社科重点研究基地——山西财经大学山西省中小企业发展研究院聚焦山西中小企业经营管理问题，2018年5月，举办了科技创新、中小企业发展与就业论坛，山西省中小企业局相关负责人和国内知名专家学者与学生参加讨论了山西省中小企业科技创新与未来发展问题；2019年5月，承办了中国工业经济期刊评价专家委员会2019年年会暨企业管理与高质量发展论坛，使学生进一步明确了未来发展方向；2020年9月，承办了第三届中国智库建设与评价高峰论坛，论坛期间专家学者与学生就山西如何在高质量转型发展中迈出更大步伐，如何在转型发展中率先蹚出一条新路来的问题进行研讨，为学生开展山西中小企业研究与管理提供了可资借鉴的思路，论坛上许多智库所作的工作、取得的成绩以及应如何为经济社会发展服务的总结交流，为学生成为新时代资源型经济转型所需求的企业家与职业经理人开阔了视野，提供了启发和思考。2020年12月，与中国社会科学院中小企业研究院签署了有关科学研究、人才培养和服务社会的合作协议，以期通过与国内顶级智库的交流与合作，为学生拓宽思路，服务资源型经济转型。

四、"1+3+6"人才培养模式的主要观点与思想

第一，基于新时代尤其是资源型经济转型所需企业家与职业经理人的

素质、知识和能力的研究，提出了包括政治素质、伦理道德修养、心理品质、身体素质，通用基础知识、专业基础知识、专业知识，认知能力、政治能力和决策能力等素质、知识和能力协调融合的体系。

第二，基于人才培养方案设计研究，提出了动态优化的工商管理专业人才培养方案，即以工商管理类教学质量国家标准为依据设置核心课程，以创新人才培养需求和学生的个性化需求设置特色课程，以学生为中心的课堂教学设计提升教学效果，以综合实验、实践教学、实习实训、管理案例和创新创业大赛与营销策划大赛、振东管理大讲堂和管理智慧大讲堂讲座听讲、国际化事业开拓等实践教学方式实现学生知识、能力与素质的系统提升，真正体现"弘扬晋商精神，富有职业精神和创新创业精神，与市场接轨，适应社会需求"的人才培养宗旨，为新时代与资源型经济转型输送具有国际视野和系统思维的企业家和职业经理人。

第三，在多年人才培养方案实践过程中，凝练提出了"1+3+6"人才培养模式，即"1"——以培养新时代资源型经济转型所需企业家与职业经理人作为工商管理专业人才培养的使命；"3"——从"教""学""管"三个层面为保障培养企业家与职业经理人的质量采取有针对性的措施；"6"——以晋商创新创业精神和管理思想熏陶、企业运营仿真模拟实验、管理案例与创新创业大赛和营销策划大赛、数十家实践基地的实训、振东管理大讲堂和管理智慧大讲堂听讲、国际交流与合作创新实践为手段，提高培养新时代资源型经济转型所需企业家与职业经理人的质量和水平。

第四，基于师资队伍建设、提升教学水平研究，提出了鼓励教师面向实践、新老教师组建团队、教指委指导监督、学生反馈互动、成立案例中心等将激励、约束和支持融为一体的师资队伍制度化建设思想。

第五，基于教学内容创新、提高学生培养质量研究，以教材建设和课堂教学组织为抓手，提出了教学内容既要有相对独立性，又要与社会宏观环境以及相关学科的基础理论紧密衔接的观点，以及教学内容应能指导实践教学的观点，并体现在教材与教学内容中；同时提出了在教学内容组织上要解决"学生知道怎样管多、知道为什么这样管少的问题"，使学生对课程内容的理解要知其然并知其所以然，这样才能更好地运用知识解决实际问题的观点；为提高教学对专业建设特色的促进作用，提出了晋商管理思想、资源型经济转型企业成功案例融入课程内容，培养学生为资源型经济转型发展服务的意识和思维的观点；为使课堂教学在知识学习的同时能够对学生世界观、人生观、价值观起到引领作用，将习近平总书记提出的我国社会主要矛盾论断中蕴涵的"人本管理"思想与中国共产党人的初心使命——为中国人民谋幸福、为中华民族谋复兴与教学内容相融合，践行课程思政的观点；并将这些观点付诸实施，教学成效显著。

第六，基于教与学的方法创新、提升教学效果研究，提出了教师、家里有企业的学生、企业家提出问题，以教师为主导、学生为主体，从传统教师单一讲述型教学模式转变为以研究型、案例教学和项目式教学为主，教师、学生与企业家协作"会诊"的课堂教学模式；提出了与企业深度合作和强化企业决策实践模拟的实践教学方式；提出了将教学、科研、导师与学科团队的科研成果运用到经济社会发展尤其是国家资源型经济转型发展中遇到的问题上，通过与学生共同破解难题，指导学生撰写论文和开发本土案例等的实践与理论相融合的教学方法；将这些方法用于教学，极大提升了课堂教学效果。

第七，基于管理创新、夯实学生思想政治教育基础研究，提出了以立德树人为主线，将专业学习置于坚定的政治觉悟和服务国家、服务社会的理想信念以及良好的伦理道德观的统领下，塑造学生知行合一的专业素养的教学管理思想；提出了以塑造学生灵魂、以文化人、课程思政、创新创业思想培育等为主的"三全育人"思想政治教育的工作方式；并在实践中取得了良好成效。

第八，基于开放办学探索、开阔学生国际化视野研究，提出了以做好国际认证、走出去、引进来、合作办学、举办有关工商管理问题的国际研讨会和聘请知名国际学者举办在线课堂等多种形式开阔学生国际化视野的观点；并将这些观点付诸实施，取得了良好的实践效果。

第九，在科研服务教学、提高人才培养质量方面，在申请立项承担完成国家与资源型经济转型各个项目中，提升教师创新思维与创新能力和水平；通过高水平教师给学生上课、提高教学质量，科研成果综合形成教材与让学生参与项目研究，提高学生创新思维与创业精神。如学生参与研究的国家自然科学基金项目、国家社会科学基金项目、教育部项目尤其是推动资源型经济转型的"山西中小微企业服务需求调查数据分析""山西新创中小微企业研究""山西中小微企业融资问题研究""山西中小微企业用地情况研究"和"山西创新型企业员工敬业度和创新绩效提升机制研究",以及临汾市襄汾县、晋城市陵川县等地的"十四五"规划编制项目等。

五、"1+3+6"人才培养模式探索取得的成效

(一)学生在大学生创业计划竞赛和ERP沙盘对抗赛中获奖

工商管理专业学生在 2007 年山西省第二届"兴晋挑战杯"大学生创业计划竞赛中获金奖,在 2007 年全国大学生 ERP 沙盘对抗赛中获金奖。在 2009 年山西省第三届"兴晋挑战杯"大学生创业计划竞赛中获金、银、铜奖,在 2018 年山西省"兴晋挑战杯"大学生创业大赛中获省级铜奖,在 2019 年第五届"互联网+"大学生创新创业大赛中获三等奖,在 2019 年全国财经院校创新创业大赛中获三等奖。2020 届工商管理专业学生主持的大学生创新创业训练项目获得国家级立项。2021 届工商管理专业学生在山西省第十二届"兴晋挑战杯"大学生创业计划竞赛中获金奖。

(二)学生在全国营销创意大赛中获得佳绩

工商管理专业学生 2009 年参加联想 idea NBA 营销创意山西财经大学赛区比赛,获山西财经大学赛区第一名;参加联想 idea NBA 营销创意山西赛区决赛,获山西省省级决赛第一名;参加联想 idea NBA 营销创意北方大区决赛,获北方大区决赛第一名;参加联想 idea NBA 营销创意全国总决赛获亚军。工商管理专业学生 2017 年在第九届娃哈哈全国大学生创客营销实践大赛山西赛区总决赛中获二等奖。

(三)毕业生成功创业

据中国大学生创业网站越众创业网记者白旭东报道,工商管理专业

2007 级学生王荣只身赴上海创业，投身到陌生的会展行业，不到一年的时间，就创立上海景桥会展有限公司，闯出了自己的一片天地，成为创业明星。

（四）就业率与考研率明显提升

2010 年毕业的工商管理专业学生是按照"1+2+4"人才培养模式培养出的第一届毕业生。毕业学生就业率达 89%，考研率创学院新高达 18%，且有三名同学分别考取中国人民大学、南开大学、武汉大学的研究生。近年来，考取双一流高校研究生的工商管理专业学生越来越多。

（五）社会对学生评价较高

通过学生实习与实训鉴定可以看出，实习单位普遍反映工商管理专业的毕业生理论功底扎实，专业基础牢固，有较强的解决实际问题的能力。学生在实习单位能够将所学理论知识与工作实践结合，解决工作中的一些实际问题。

（六）学生思想政治教育成效显著

以立德树人为主线的人才培养体系中，思政引领效果显著增强，2015 级工商管理 2 班团支部被团中央授予山西财经大学唯一全国高校"活力团支部"。

总之，山西财经大学工商管理专业的"1+3+6"人才培养模式还在探索实验中，在未来的建设中企盼与同行交流探讨，共同为我国社会主义市场经济建设培养更多更好的企业家与职业经理人！

第二章

"1+3+6" 人才培养模式的目标

——新时代与资源型经济转型所需企业家与职业经理人应有的素质、知识与能力

早在 19 世纪初，传统经济学就赋予了企业家以企业组织"协调者"的角色地位，并提出企业家是将资本、土地、劳动力三个要素协调调动起来的第四要素，是经济增长真正的源动力。尽管企业家的经济行为是以赚取利润为目的的，但其职能是利用自身的知识、技能和聪明才智去创造供人消费的产品和服务。因此，企业家的职能决定了企业家的价值以及社会对企业家的期望。

在追求经济高速发展的时期，经济发展的动力主要来自消费拉动和投资冲动，企业家更多追求的是生产的规模和数量；新时代，我国经济社会发展进入了新常态，对企业家提出了新要求。企业家不仅要有坚实的知识储备，来理解和驾驭复杂竞争环境下经济发展和企业管理的规律和趋势；还要有能够担当企业家职责的身心素质，来应对经济社会环境变化和企业管理过程中出现的机遇和挑战；更要有能够胜任企业家这份创造性工作的能力。

与企业家的工作内容和工作性质相似但有区别的是职业经理人。职业经理人作为从事企业经营管理工作的专业人员，与企业家工作内容的相似之处在于，日常工作都以企业经营管理工作为主，但能够被称为企业家的职业经理人是具有非凡创造力和创新成果的人。因此要想成为企业家，先要履行好职业经理人的工作职责，在此基础上致力于创新成果的输出。

山西财经大学工商管理专业以培养新时代与资源型经济转型所需企业

家与职业经理人为使命，承担着为社会输送符合企业家和职业经理人工作需求的专门人才的责任。在新的历史时期，企业家和职业经理人应具有什么样的素质、知识和能力，是工商管理专业建设的首要问题。

一、新时代与资源型经济转型所需企业家与职业经理人需具备的素质

《现代汉语词典》对"素质"一词的解释为：事物本来的性质。但从"素质"的实际使用习惯来看，并不仅限于人的先天属性，而是指在人的先天生理条件基础上，经过后天的教育和社会环境的影响，由知识内化而形成的相对稳定的心理品质及其素养、修养等的总称。对企业家和职业经理人这一群体来说，一方面，作为拥有权力的企业决策者，他们的思想品质和言行对社会的影响大，影响范围广；另一方面，企业家和职业经理人所带领的企业属于创造社会财富的组织，承担着保障和促进所在国家经济建设的责任；此外，进入新时代之后的全球竞争，越来越多地对企业参与全球治理的能力和对国家兴旺的使命感和责任感提出了更高要求。因此，新时代的企业家与职业经理人作为具有社会属性的企业领导者，需要具备较高的素质。具体来说，包括政治素质、伦理道德修养、心理品质、身体素质等。

（一）政治素质

人的政治素质主要包括政治立场、政治品德和政治水平。企业家和职业经理人既是所在组织的领导者，也是所在国家的公民，但相对于普通公民，他们掌握着资源的调配权，因而更具话语权，其影响力不仅在企业内部，也会随企业本身影响力的大小对社会产生或大或小的影响。进入新时代之后，企业竞争逐渐超越了经济领域和市场机制的范围，某种程度上会与国际政治产生互动影响，企业不再仅仅是一个独立的经济实体，也承担着所属国家的政治责任。

1. 政治立场

企业家和职业经理人作为企业的决策者，其政治立场对企业的政治立

场起决定性作用；作为有权利的国家公民，其政治立场对企业处理国家与企业的关系起决定性作用。企业虽是营利性组织，但也负有对国家的责任和义务，同时也要在国家制度框架下从事生产经营，而且在国际竞争舞台上，还是国家利益的代言人和维护者。因此，企业家和职业经理人若没有坚定的政治立场，不但可能使企业经营偏离服务于国家长治久安的正确方向，还可能将企业带入封闭、极端、落后甚至反动的发展轨道，在国际竞争中也会陷入被动，甚至沦为境外敌对势力的牟利工具，贻害国家。

2. 政治品德

企业家和职业经理人的政治品德是建立在政治立场基础上的为官品德和为人操守。企业家和职业经理人在正确的政治立场指引下，还应当为官有德，为人有品。政治立场指引下的为官有德是指，作为一个企业的领导者，首先，要有为人民服务的理想信念和崇高的爱国热情，将企业经营置于民族复兴和国家富强的大背景中，主动承担对国家和民族的责任，在关键时刻有担当能奉献；其次，还要有在企业经营逻辑下对顾客对员工的承诺。政治立场指引下的为人有品则是指，作为承担着领导职责的个人，企业家和职业经理人还应当有为国分忧、为民造福的个人理想，不断培养高尚的情操、高雅的志趣和受人尊敬的人格魅力。

3. 政治水平

企业家和职业经理人的政治水平主要体现为对外响应党和国家号召的水平与对内维护企业政治秩序的水平。企业家和职业经理人既是企业经营决策的负责人，也是企业思想政治工作的负责人；面对多元化信息化时代的挑战，只有在政治立场坚定、政治品德高尚的基础上，能够深刻领会党和国家的政治导向和各项方针政策的内涵，对企业内部可能出现的各种与此相悖的思想、意识和行为保持敏感，有清醒的自我判断，并及时予以有理有据地处理，才能使企业在风清气正的政治生态下为国家的兴旺发达作贡献。要做到这些，有赖于政治水平的不断提高。

（二）伦理道德修养

企业家和职业经理人是利用社会资源为社会创造财富和就业机会的企业领导者，被企业赋予决策的职责，企业家和职业经理人的伦理道德觉悟和水平，除了影响所在组织的长远发展以外，还会对社会产生深远影响。教育培养企业家和职业经理人对伦理道德的正确认知和行为意识，已成为社会共识。具体来说，企业家和职业经理人的伦理道德修养主要包括以下几个方面。

1. 遵循商业伦理

将伦理学理论应用于商业活动中，就是商业伦理。商业是一种竞争的模式，遵循商业伦理，就是在市场竞争中恪守伦理，具体包括不恶意竞争、不贬损竞争对手、货真价实、产品或服务质量有保障等。

2. 崇尚信义

中国传统儒商崇尚信义为本的经营理念，遵守中国传统伦理道德规范，要求企业家和职业经理人在获取利润过程中，讲诚信、讲义气，有承诺、有兑现，重伙伴关系、轻利益交换。

3. 取财有道

中国古代民间谚语有"君子爱财，取之有道"之说，用于企业家和职业经理人的伦理道德要求，即为企业家和职业经理人在商业活动中，不能唯利是图，要使所有的商业活动建立在道义的基础上，用合理合法手段赚取经营所得。

4. 洁身自爱

企业家和职业经理人既是社会人，也是具有独立人格的自主人；既要在社会交往中寻找商机，谋求企业发展，又不能为了利益将自身依附于权力、金钱或被外在的社会组织所绑架，应靠自己的勤奋、智慧、艰辛和汗水经营好企业，洁身自爱，不走捷径。

（三）心理品质

领导特质理论认为，成功的领导者具有与其他人相比的独特人格特质，如有激情、自信、有责任心、有耐力、能决断等。以此对照现实中的企业家，领导特质理论似乎也适合。然而，用几个词概括领导者的特质，一是因为脱离实际情境一概而论可能有失偏颇；二是因为从人格特质上描摹成功领导者的特征，概念过于宽泛，难以穷尽。因此，从企业家和职业经理人实际工作所需要的人格特征着眼，将企业家和职业经理人的人格特质界定为心理品质，借鉴领导特质理论，提出新时代与资源型经济转型所需企业家与职业经理人的心理品质要求（见图2-1）。

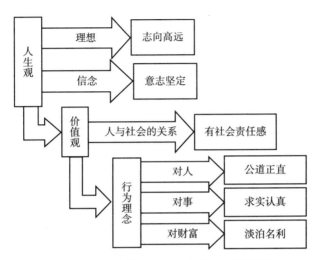

图2-1 企业家与职业经理人的心理品质框架

1. 坚韧的毅力

（1）坚守初心的意志。企业家和职业经理人以企业发展的使命感为动力经营着一份事业，使命感的召唤就是他们投入事业的初心，要使这项事业永续发展，能够坚守初心，不忘使命，时时刻刻以企业未来发展为念，需要强大的坚守初心的意志。

（2）干事创业的执着精神。企业家和职业经理人所做的工作兼具创造性和风险性，既要在竞争中寻求突破，又要承担由此带来的风险，因此，要有干事创业的执着精神，胜不骄败不馁，永远有创业的激情和动力。

（3）攻坚克难的耐力。任何企业都不可能永远一帆风顺地发展，在企业发展历程中，总会遇到艰难险阻，有时面临市场开拓的困境，有时难以解决产品更新接续的迟滞，有时遭遇外部环境突变的打击，有时陷入危机事件的泥淖，都需要企业家和职业经理人能够静心面对各种挑战，踏踏实实攻坚克难。对于资源型经济转型发展所需的企业家和职业经理人来说，更需有坚韧的耐力，团结带领企业员工坚定转型才是未来，不转型就不能发展的信念，不断求真探索，走出创新与发展的凤凰涅槃之路。

2. 人生观

（1）志向高远。企业家和职业经理人是带领企业为社会创造财富和价值的人，应当具有广阔视野下的高远志向，不应陷于短期的利益算计中。

（2）意志坚定。经营企业是一份充满艰辛和曲折的事业，企业家与职业经理人放眼长远，还应有坚定的意志和信念，持续推进事业发展，不能中道懈怠或半途而废。

3. 价值观

企业家和职业经理人是在与社会的交互影响中生存发展的，以什么样的价值观看待人与社会的关系，既关系到企业的经营理念和未来发展，也涉及企业如何回应社会对企业的期望，如何通过企业发展促进社会进步与繁荣。因此，新时代与资源型经济转型所需企业家和职业经理人的价值观主要是指企业家和职业经理人如何看待人与社会的关系。具体来讲，企业家应有社会责任感，表现在以下几种具体的关系上。

（1）对顾客和社会公众的责任感。企业家和职业经理人的责任意识首先是对顾客和社会公众的责任感，经营企业要对顾客负责，这是企业家和职业经理人作为企业所有者或领导者的基础，也是企业得以生存发展的前提。在此前提基础上，企业家还应有对社会公众的责任感，将解决就业、改善民生、发展和谐邻里关系和做社会公众心目中的好雇主当作自己的使命和责任。

（2）对国家和民族的责任感。企业家和职业经理人应心怀家国天下，将自己置于国家和民族发展的大格局中，有实业救国和实业兴邦的使命感，通过企业发展为国家富强和民族振兴做贡献。

（3）对人类社会可持续发展的责任感。气候变化、资源枯竭、环境污染等问题是人类社会面临的共同问题，关系到人类未来的可持续发展。企业作为与此有紧密利益攸关性的社会组织，首先需要企业家和职业经理人具有对人类社会可持续发展的责任感，自觉自愿地、建设性地参与到保护地球家园的行动中去。

（4）对社会进步与文明的责任感。社会进步，人类文明的繁荣发达，在很大程度上得益于企业的推动力。因此，企业家和职业经理人在追求企业利润的同时，应有推动社会进步和文明的责任感，以此作为内驱力，谋求在科技创新、社会福祉以及构建社会公序良俗的进程中有所作为。

4. 行为理念

（1）公道正直。企业家和职业经理人既是企业利益的分配者，也是社会利益的获取者，在与利益相关的人际交往中，只有秉持公道正直的行为理念，才能构建和保有长期稳定的人际关系，这是企业经营不可或缺的资源，因此，企业家和职业经理人在与人相处中，应以公道正直的行为理念为指引。

（2）求实认真。经营企业是一项长期的事业，任何钻营取巧、漫不经心或敷衍了事都会为事业发展埋下隐患。因此，企业家和职业经理人要有求实认真、励精图治的行事理念，只有这样才能以榜样作用真正在企业中培育起工匠精神，才能以优质可靠的产品赢得市场。

（3）淡泊名利。企业是一种以营利为目的的社会组织，企业家也必然在企业发展过程中更多地与财富和荣耀交手。名利既是一个价值符号，是对人的社会功用和价值的标示；也是一种腐蚀剂，可能使人任由欲望张扬而欲罢不能，或者使人玩物丧志、失去进取心；因此，企业家在对待财富时，应持淡泊名利的财富观，以从容的事业心谋求企业健康稳定的发展；在企业财富有所积累时，能够富而持节，或者回馈社会，或者以更积极的发展观做大做强企业，追求企业的永续发展。

（四） 身体素质

无产阶级革命家毛泽东说过："身体是革命的本钱。"随着社会发展速度越来越快，企业竞争日趋激烈，各行各业的发展都会面临繁重的任务和不进则退的压力。近年来，职场环境中不时出现的年轻人早衰、抑郁，甚至猝死事件给我们敲响了警钟，没有好的身体素质，既无法应对未来竞争对努力工作的需要，也会给社会造成不可挽回的人力资本损失。对于既要面对企业外部经营风险，又要处理企业内部庞杂事务，身兼多重角色的企业家和职业经理人来说，保持良好的身体素质，则更加必要。

人的身体素质既受先天遗传因素的影响，也受后天生活工作习惯和体育锻炼的极大影响。在无法改变先天遗传特征的情况下，良好的身体素质有赖于后天的锻炼，学校通过教育学生养成规律的作息习惯，养成张弛有度，不拖延、不赶工的学习和工作习惯，培养学生按时进行体育锻炼，科学设计和安排体育锻炼的形式和时间，协调好体育锻炼与学习工作的关系，是使学生进入社会面对繁重的工作生活压力能够保持良好的身体素质的必要准备。

二、新时代与资源型经济转型所需企业家与职业经理人需具备的知识

新时代企业家比以往历史时期的企业家更需要通过创新来实现企业的创新与发展，而创新这种打破常规颠覆常规的活动要以超越于常人的认知能力、决策能力和风险预估能力作保障。进入知识经济时代之后，企业竞争越来越凸显出知识在处理非常规问题上的价值，正如德鲁克所说，"管理从本质上说，意味着用智慧代替鲁莽，用知识代替习惯和传统"。如果说我国改革开放之初的企业可以凭借创业者的胆量和勤劳以及以习惯和传统为依据的摸索式管理实现发展，那么，今天的企业管理者们在时代进步的驱动下已越来越多地感受到因知识差距而对管理实践力不从心、难以胜任，甚至贻误商机、误入歧途等。具备必要的知识基础，形成完整的知识体系，是新时代对企业家和职业经理人的必然要求。总体来说，企业家与职业经理人需要具备的知识体系包括三个层次。

（一）通用基础知识

企业家和职业经理人的工作中，既有千头万绪的庞杂事务需要安排处理，也有有限的组织资源需要合理配置；既要与各种类型的，具有复杂情感、心理和思想的组织内、组织外的人交往互动，也要在确定和不确定的外部环境中捕捉机会，面对随时变化的环境条件灵活应对。因此，他们首先应有作为社会人参与社会经济活动所必须具备的通用基础知识。中国古代文化典籍《易经》中说："刚柔交错，天文也；文明以止，人文也。观乎天文以察时变，观乎人文以化成天下。"意即人类社会的进步有两极，一极为天文，即自然规律；一极为人文，即社会文明。进入现代社会以

来，我们把知识分为科学知识和人文知识，与此一脉相承。西方国家和现代教育所崇尚的博雅教育，也主张将人塑造为兼具科学知识和人文素养的臻于完善的人。故企业家和职业经理人所需的通用基础知识也应包括科学知识和人文知识两类。

1. 科学知识

企业家和职业经理人所需的科学知识主要是与数学相关的基础理论知识。数学被誉为科学的王后，是各种学科发展的基础，对于形成人的逻辑思维和科学客观分析问题的能力具有其他知识无可取代的作用。新时代的企业家和职业经理人处于包罗万象的信息和数据包围之中，要在杂乱浩繁的数据和信息中理出头绪，冷静客观地作出判断和抉择，数学运算、数理分析、逻辑推断和计算机应用等方面的基础知识不可或缺。

2. 人文知识

人文知识是文明社会对人基本素养的要求，人文知识的广度和深度决定一个人的意识形态、思想、信念、视野、审美、道德水平等。

企业家和职业经理人既是社会财富的创造者，也是社会资源的使用者，相对于其他职业角色来说，更容易在财富或利益面前迷失方向。我国著名文化学者冯友兰提出人生有四个境界，由低到高分别为自然境界、功利境界、道德境界和天地境界。在人与社会的关系中，要成为能够被社会认可，能够引领企业走向永续经营的企业家和职业经理人，更应当向着高层次的人生境界修炼。组织管理理论之父马克斯·韦伯提出，人既要有工具理性又要有价值理性，工具理性使企业家和职业经理人能够精于本业，而价值理性则能使之成为有信仰、有坚守、有哲思的睿智的人。因此，在企业家和职业经理人所需的通用基础知识体系里，人文知识是极具深远影响的，不仅需要学习专业知识，也需要在工作实践和生活阅历中持续修炼和完善。

具体来说，新时代的中国企业家和职业经理人所需的人文知识包括：

（1）指导人的哲学思维并奠定人的思想政治基础的马克思主义基础理论和方法论，可以使承担管理职责的企业家和职业经理人在纷繁复杂的国际竞争中有一以贯之的政治觉悟和使决策理性建立在正确的思维框架内；同时，即使在国内企业竞争中，具有坚实的马克思主义基础理论和方法论的企业管理者也能更好地把握决策方向，不易在利益诱惑下误入歧途。

（2）净化人心灵和开阔人视野的文学艺术知识，可使管理人员以高远的理想信念，站在人生境界的高层次，在为企业谋利的同时，也为社会发展增光添彩，推动社会文明进步。如乔布斯一样的企业家正是在文学艺术知识的熏陶下，才能坚持"活着就是为了改变世界"的信念，将产品赋予科技和人文两个维度。不仅致力于让科技带给人便利，破除高科技产品与普通老百姓之间的技术高墙，将产品做到人人会用，人人想用；而且追求科技带给人审美上的愉悦，让社会大众体验科技产品中处处浮现的美带给人的精神享受；使产品可以超越其基本功能，以更多的附加价值丰富人的精神生活，将社会大众的生活质量带向更高层次。

（3）改善人的心智和使人既有理智又能节制的伦理道德知识和法律法规知识等，可使承担决策责任的管理者理性行事，避免"无知者无畏"式的鲁莽决策给企业和自己招致不可挽回的恶果。只有对人类文明业已树立的道德标准、伦理规范、法律法规等能理解、能尊重、能认同，才能心存敬畏，以身作则，将这些标准和规范作为行事的指引。

（二）专业基础知识

专业基础知识是指为从事专业工作奠定基础的知识，从企业家和职业经理人所属专业领域来看，所需的专业基础知识主要有经济学、管理学、社会学等学科的基础理论。

1. 经济学相关知识

经济学有关宏观经济和微观经济规律的知识，是企业家和职业经理人在工作中洞察经济现象、理解经济规律的必备知识。根据对经济发展趋势的判断，把握决策方向；分析国际国内有关经济政策的变化，趋利避害，是所有企业家和职业经理人避免盲目决策或贻误商机的必备技能。微观经济学有关产品市场、要素市场及企业理论的分析框架和逻辑，宏观经济学有关国民收入、人口红利、社会福利、国家或地区产品市场、货币市场、劳动力市场、国际市场与国家经济政策等方面的理论与政策，正是企业家和职业经理人理性分析客观环境所需的认知基础。没有这些知识储备，就无从理解经济规律，也难以对复杂的经济现象形成判断，更无法预知环境可能给企业带来的不确定性，在市场竞争中，必然如盲人摸象，陷入被动、主观、囿于个人经验局限而片面决策的境地，给企业发展埋下隐患，甚至付出不可挽回的代价。

2. 管理学相关知识

自从管理理论的奠基者之一法约尔提出"管理具有一般性"之后，管理就从企业管理推广到了所有组织的管理。适用于所有组织的管理学基础理论，是企业家和职业经理人的入门知识。从1911年泰罗的科学管理理论诞生至今，科学管理取代经验管理已成为管理人员的共识，管理虽千变万化，有艺术性的一面，但管理学基础理论所包含的管理理念、方法和原则，有助于管理人员在管理实践中少走弯路，借助成熟的管理理论所提供的方法和工具，可以使管理工作更加高效，也可使管理人员在理论与实践的交互过程中快速地由一般管理人员成长为企业家和训练有素的职业经理人。掌握管理学相关知识，是成为企业家与职业经理人的必经之路。

3. 社会学相关知识

企业是个社会组织，企业既从社会获取资源，也为社会创造财富。社会学有关人的社会关系和社会行为的系统知识，可以为作为社会组织的企业认识和了解社会、理解社会关系提供必要的知识基础。企业家和职业经理人作为企业的管理者，合理配置和使用各项人、财、物资源是其基本职责，在各项资源中，人尤为重要。与各种各样的社会人和人群交往，需要借助社会学有关知识了解社会对人的影响和人对社会的建构过程及其规律，通过了解这些知识，分析人作为社会人的情感、态度和行为如何在社会情境条件下变化，有助于企业家与职业经理人对内更好地识人、用人、留人；同时，对外更好地在社会交往中与各类利益相关者处理好关系，为企业营造有利的外部环境。

4. 法学相关知识

企业生存发展和竞争是在一定的法律法规框架内进行的，良好的法治环境既能为企业营造健康发展的公平氛围，又是促进企业持续稳定发展的必要条件。处于法律框架约束下的企业，一要守法经营、公平竞争；二要自觉维护和创建公平严肃的法制环境，为企业稳健经营持续发展创造条件，这就需要企业家和职业经理人掌握法学相关知识，尤其是在我国法制化进程越来越快的大环境下，随着各项法律法规越来越健全，与经济活动相关的法律法规逐步细化，同时，全球化或跨国经营成为未来发展的趋势，企业家和职业经理人不仅需要掌握本国的法律法规及其背后的原理，还需要了解或掌握外国的相关法律法规及其发展趋势，这样才能胜任法制化和全球化趋势下企业经营管理中的决策工作。

5. 心理学相关知识

自从人际关系学说提出"人是社会人"的假设之后，企业管理的焦点就由事转向人；同时，随着企业竞争越来越激烈，任何一个企业都不可能关起门来搞发展，都需要与各类利益相关者互动交流，以获得他们对企业发展的支持和帮助，其中所涉及的创新、协调等方面的工作归根到底也是与人交往的工作；因此，企业家和职业经理人还要学习心理学相关知识，通过掌握人的心理活动规律，对外与企业的交易伙伴、顾客、债权人、政府工作人员等建立和保持良好的沟通和互惠互利关系；对内与员工建立和谐的劳动关系，并以恰当的激励约束机制，充分激励员工的工作积极性、主动性和创造性，营造符合员工心理预期的企业文化和氛围，增强员工的凝聚力和归属感，使企业焕发活力，为企业发展不断储备人力资源基础和企业创新发展的强劲动力。

（三）专业知识

专业知识是指以职业为导向的专门知识。"术业有专攻"，管理作为一种职业，同样需要适用于该职业的专业知识。如果说专业基础知识是为企业家和职业经理人储备知识的广度，那么，专业知识则是从职业发展的深度上，需要企业家和职业经理人掌握的专门知识。古典管理理论时期，管理学家亨利·法约尔在其著名的经营管理理论中，将企业的经营活动概括为六大类：技术活动、交易活动、安全活动、财务活动、会计活动和管理活动。首次将管理从经营活动中分离出来，提出管理是经营活动的六大类工作之一，并提出了管理的五大要素和十四条原则。管理理论发展到现在，随着理论研究的逐步细化，目前经营与管理的相关知识已交织在一起，很难完全分开，但从作为专业管理人员所需的知识层次来说，与管理企业全局相关的专业知识可大致认为属于经营管理类知识，与专业化精细化管理要求相适应的知识可归类为职能管理类知识，为使管理活动高效开展而发展出的方法类知识可称为管理工具类知识。

1. 经营管理类知识

企业家和职业经理人作为专业的经营管理人员，首先要掌握指导企业经营活动稳健开展的经营管理类知识。如战略管理相关知识，可指导企业家和职业经理人从企业竞争的全局视角，以长远的战略眼光，形成对经营管理问题进行客观理性分析的框架性思维，能够对各种庞杂的环境因素进行加工、整理、形成逻辑线索和观点，并据此审慎筹划企业发展的方向和目标，避免企业发展陷入被动、短期和盲目决策；创新创业管理相关知识，可指导企业家和职业经理人在知识学习过程中逐步形成创新观念和创业思维，在带领企业不断发展的过程中，具备面对顺境居安思危、积极进取，面对困难坚韧不拔、发奋图强的理念，冷静处理企业发展过程中不同时期的起起落落，始终以积极向上的心态与创新创业的观念和方法带领企业走向未来；企业伦理与文化等方面的知识，可指导企业家和职业经理人以更为开放的视角看待商业问题与社会问题的互动关系，在不确定性环境中有独立判断的能力，能够妥善处理外界利益诱惑与企业发展原则之间的协调关系，能够将企业发展与社会进步以及民生福祉相关联，尊重关怀和平等对待企业员工，并主动回应各种利益相关者的利益诉求，有所为有所不为，为企业健康稳定发展把握好方向。

2. 职能管理类知识

企业家和职业经理人作为专业管理人员，不仅需要掌握从全局上管理企业的经营管理类知识以指导企业经营的方向，在既定的方向和目标下，要使企业有序运行，企业内部资源有效配置，实现企业高效运转，还需掌握专业化精细化管理的职能管理类知识。如人力资源管理、财务管理、物流管理、市场营销、会计理论与实务、信息管理等，这些来自企业职能管理的专业化管理知识，能够为企业家和职业经理人提供决策参考和实施决策的保障，人力资源管理的知识框架和理论体系，可使企业家和职业经理人具备识人、用人、育人、留人的理念和方法，为企业不断提升人力资本、提高企业竞争力储备竞争优势；财务管理相关知识可使企业家和职业经理人具备筹资、投资决策的基本知识和原理，有助于企业在资源约束条件下，合理运用财务手段提高企业经营效能；物流管理相关知识可指导企业家和职业经理人从复杂的物流过程中挖掘蕴藏的生产力，提高企业运营效率；市场营销知识可使企业家和职业经理人在物质丰裕的时代以市场营销理念和方法与外部市场良性互动，挖掘和吸引潜在顾客和当前顾客，以产品价值为消费者创造价值；会计理论与实务及信息管理知识，可使企业家和职业经理人了解企业经营运作过程中的各项收支信息，并对与企业发展相关的各类信息进行适时地收集、整理、加工和利用，服务于企业的科学决策，使管理工作建立在信息和数据的基础上，使企业在市场竞争中能够知己知彼、心中有数，避免误入歧途或遭受难以承受的风险。

3. 管理工具类知识

按照明茨伯格的经理角色理论，管理人员的角色有三类，分别为决策类、人际关系类和信息处理类；因此，除了决策职责外，企业家和职业经理人作为管理人员，还需要承担处理人际关系和信息的角色职责，故掌握必要的管理工具和方法，也是工作所需。如与人际交往相关的领导力、管理沟通、谈判、公共关系等方面的知识，可使企业家和职业经理人学会在与下属、与上级、与同行、与社会交流互动中的理念、方法和技巧，用于指导管理工作实践，可使管理工作更加得心应手。此外，在知识技术更新越来越快的趋势下，企业家和职业经理人会越来越感受到因知识欠缺而对外界的海量信息难以驾驭甚至无所适从，因此，处理各种信息所需要的工具类知识如市场调查、管理信息系统、大数据等方面的知识，可使企业家和职业经理人面对庞杂的信息世界能够理出头绪，并在信息处理过程中将外部环境中的不确定因素及早识别出来，增强工作的主动性，成为具备三类角色所需知识的合格管理人员。

当然，上述三类知识之间并不是互相独立的，所有的专业知识所构成的结构是一个系统，知识之间往往融会贯通、互为促进；三类知识也并不仅限于所对应的功能，而是你中有我、我中有你。所以，要成为真正合格的企业家和职业经理人，三类知识在不同层次上各有功用且互相促进；对于工商管理专业学生而言，也不可因对三类知识的层次偏见而有所偏废。

三、新时代与资源型经济转型所需企业家和职业经理人需具备的能力

新时代对企业家和职业经理人提出了更高的要求，企业家和职业经理人除了具备必要的知识和素质，还要在此基础上，获得应对复杂的世界政治经济环境和日趋激烈的市场竞争的能力。因此，企业家和职业经理人还应不断修炼自身的认知能力、政治能力、决策能力。

（一）认知能力

1. 概念能力

企业家和职业经理人是企业的总指挥和战略决策者，要有在复杂环境下洞察商业机会、将各种庞杂信息结构化形成决策所需自我逻辑的能力，这是企业家认知能力中最重要的能力。按照管理学者卡茨的观点，管理人员所需的能力包括概念能力、人际能力和技术能力三类，对处于不同管理层次的管理人员来说，三种能力都需要，但各有侧重，高层管理人员最需要的是概念能力，中层管理人员更需要的是人际能力，对基层管理人员来说，则最需要技术能力。按照管理人员所处的管理层次来区分，企业家和职业经理人应当属于高层管理者，因此，最需要的是概念能力。

2. 记忆能力

企业经营管理千头万绪，企业家和职业经理人需要有对知识和信息在加工、整理基础上的记忆能力，借此将各种各样的大事小情结构化，为决策服务。

3. 计算能力

企业是个经济组织，是通过投入产出获取利润的经营单位，企业家和职业经理人需要对经营过程中产生的成本收益有清楚的概念，需要对机会和风险等有数字化的衡量，才能使企业经营始终走在可以持续发展的道路上，因此，计算能力也是必备的认知能力。

4. 语言表达能力

企业家和职业经历在企业内部的指挥、协调、上下级关系处理，企业

外部的社会交往中都需要通过语言与人沟通，达成共识，因此，语言表达能力自然是企业家的必备能力。

（二）政治能力

1. 政治判断力

企业家在复杂的全球政治经济环境中参与竞争，政治环境作为外部环境中的重要影响因素，需要企业家和职业经理人有足够的政治敏感度和对政治环境动态性的把握能力，以及在国内外政治环境中，评估和判断政策风险的能力。

2. 政治领悟力

企业既是政府决策的接收者和执行者，也有义务为政府决策提供决策依据。因此，企业家和职业经理人还应有能力通过企业经营管理的有效性吸引政府部门的关注，并能够积极与政府这一利益相关者保持良好沟通，不仅要具备领悟政府决策导向的敏感度，还要有领悟政府需求为政府决策建言献策的能力。

3. 政治执行力

企业是在既定的政治背景和区域环境中经营的组织，企业家和职业经理人的角色不仅仅是企业内部事务的指挥协调者，也是企业与当地政治环境的互动者；因此，企业家的政治执行力，就是能够与政府机构进行有效合作，为政府分担责任，不折不扣地执行政府决策。

（三）决策能力

1. 承担风险能力

企业家的本质就是通过承担风险和责任实现创新，职业经理人作为企业的代理人，在日常经营决策过程中也要承担决策的风险。因此，企业家和职业经理人作为企业最高决策者的第一项能力就是要能承担风险与责任，通过捕捉市场信息去发现机会、利用机会，并在机会蕴藏的风险不明朗时，及时拍板，以责任和担当为风险埋单。

2. 创新能力

企业竞争拼的是竞争优势，而竞争优势的获取唯有创新，无论是技术上、管理上，还是经营模式上的创新，企业家和职业经理人作为决策者应在能力上或居其一或兼而有之，这是企业可以出类拔萃、在竞争中立足的根本。

3. 协调能力

企业是由人组成的有机体，也是社会关系网络中的节点之一，企业家和职业经理人作为企业的领导者和企业的代表，无论是对内管理还是对外交往，都需要通过沟通、协调来处理各种各样的关系。

4. 识人用人能力

企业管理最重要、最复杂的是吸引、留住、激励和约束企业的员工。因此，企业家和职业经理人作为企业的决策者，应有识人用人的能力，使企业人员人岗匹配、人尽其才、人员潜力充分释放。

第三章
"1+3+6" 人才培养模式的培养方案

山西财经大学工商管理专业在多年的人才培养实践中探索出了"1+3+6"的人才培养模式。"1"就是以培养新时代与资源型经济转型所需企业家与职业经理人尤其是资源型经济转型发展所需企业家与职业经理人为使命和目标;"3",就是抓好"教""学""管"3个层面;"6"就是在理论学习的基础上,融入晋商创新思维创业精神与管理思想熏陶、实践基地实训、管理案例与创新创业大赛和营销策划大赛、企业仿真模拟实验、振东管理大讲堂与管理智慧大讲堂听讲、国际化视野开阔6项特色教学活动。

人才培养方案是基于新时代尤其是资源型经济转型发展所需企业家与职业经理人应具有的素质、知识、能力结构,构建以此为目标的人才培养模式,它是在党的教育方针指导下,学校围绕培养什么样的人和怎样培养人这两个基本问题,以学生为主体,让学生、学校和社会共同参与的,为学生构建素质、知识、能力结构的活动以及这些结构的组合。

人才培养方案以素质为核心、以获取知识为基础,以能力为本位,坚持知识、能力、素质协调发展,充分发挥学生的主体作用,并为此建立一支高素质的、适应新型人才培养模式的教师队伍和管理团队。本章介绍山西财经大学工商管理专业基于培养学生具备企业家与职业经理人所需的知识、素质和能力结构的人才培养方案。

一、工商管理专业的培养目标与特色

(一) 培养目标

本专业旨在培养践行社会主义核心价值观,具有社会责任感和使命感、良好的科学文化素养和国际视野，适应新时代中国特色社会主义建设要求，掌握工商管理理论及管理技能，具备在工商管理的理论研究与社会实践中独立获取知识、提出问题、分析问题和解决问题的能力及开拓创新精神，以企业家和职业经理人尤其是资源型经济转型发展所需的知识、素质和能力为方向，能够在企事业单位、行政部门等机构从事管理工作的应用型、复合型、创新型管理人才。

（二）培养特色

本专业按照"宽口径、厚基础、重实践、强能力"的人才培养规格总体要求，以工商管理类教学质量国家标准为依据设置核心课程，以创新人才培养需求和学生的个性化需求设置特色课程，以学生为中心的课堂教学设计提升教学效果，以综合实验、实践教学、实习实训、管理案例大赛与营销策划大赛等环节实现学生知识、能力与素质的系统提升，真正体现"弘扬晋商精神，富有职业精神和创新创业精神，与市场接轨，适应社会需求"的人才培养宗旨，为社会输送具有国际视野和系统思维的新时代与资源型经济转型所需企业家和职业经理人。

二、人才培养方案中素质结构的构建

在人才培养方案中，素质结构的构建从两个层面进行。

（一）一般管理者需具备的素质培养

1. 伦理道德修养培养

发挥财经类院校的学科优势，学校为管理类专业学生统开有通识课和专业基础课及系列讲座，培养学生热爱社会主义祖国，拥护中国共产党领导；掌握马克思列宁主义、毛泽东思想、邓小平理论、"三个代表"重要思想、科学发展观、习近平新时代中国特色社会主义思想的基本原理、党史、马克思主义哲学、政治经济学、科学社会主义课程，具有正确的世界观、人生观、价值观；培养学生勇于担当、艰苦奋斗、遵纪守法、团结合作的品质；培养学生良好的思想品德、职业道德和社会公德；培养学生树立愿为全面建设社会主义现代化国家、实现中华民族伟大复兴的中国梦而努力奋斗的远大志向。

2. 心理品质培养

通过为管理类专业学生开设人文素养方面的各类开放性课程，培养学生的人文科学素养和强烈的社会责任感，使之逐渐具备健全的人格和良好的职业精神，以及高尚的职业道德和职业品质；具有正确的劳动观念，崇尚劳动、尊重劳动，懂得劳动最光荣、劳动最崇高、劳动最伟大、劳动最美丽的道理；培养学生爱岗敬业、严谨务实的工作作风和团结协作、尊重同事的工作理念，使学生形成具有集体主义精神和团队合作精神的心理品质。

3. 身体素质培养

通过为学生开设体育和军事基本知识方面的课程和讲座，使学生掌握科学锻炼身体的基本技能，养成良好的体育锻炼和卫生习惯，并受到必要的军事训练，达到国家"大学生体育锻炼合格标准"的要求和军事训练合格标准，具有良好的心理承受能力和社会适应能力，身心健康，能够履行建设祖国和保卫祖国的神圣义务。

（二）新时代与资源型经济转型所需企业家及职业经理人需具备的素质培养

通过新生研讨课，一系列的思政课及专业课程思政，思想道德修养与法律基础、经济法概论、商业伦理与企业社会责任、管理者情商、晋商精神与创业管理、企业文化与企业家精神等课程的开设，通过振东管理大讲堂及管理智慧大讲堂①，著名企业家创业经历阅读与讲授，通过全面、全过程、全方位的育人，树立榜样，润物细无声，潜移默化，不断培养学生正确的人生观、价值观和道德观，形成志向高远、意志坚定的人生观；对客户和社会公众、对国家和民族、对人类社会可持续发展、对社会进步与

---

① 振东管理大讲堂是由山西振东健康产业集团与山西财经大学共同组建的山西财经大学振东管理研究院推出的面向学生和企业界的讲堂，开办于 2013 年，截至 2022 年已举办近 70 期。管理智慧大讲堂是山西财经大学工商管理学院近几年开办的面向学校师生的讲堂，已举办 10 多期。

文明负责的价值观；公道正直、求实认真、淡泊名利的行为理念以及遵循商业伦理、崇尚信义、取财有道、洁身自爱的道德修养。

通过马克思主义基本原理、毛泽东思想和中国特色社会主义理论体系、形势与政策等课程以及日常学习中的爱国主义教育及思想政治工作的强化，影响和塑造学生树立坚定的理想信念，形成正确的政治立场，培养高尚的政治品德；并通过各种形式的民主生活会等活动，增强学生的政治意识，锻炼和引导学生具备一定的政治水平。

三、人才培养方案中知识结构的构建

在人才培养方案中，通过课程的设置，构建新时代与资源型经济转型所需企业家和职业经理人应具备的知识结构。主要包括以下几个方面。

（一）通用基础知识

通用基础知识是指参与社会经济活动必须具备的基础知识。通过马克思主义基础理论知识课程，包括思想道德修养、中国近现代史纲要、马克思主义基本原理概论、毛泽东思想和中国特色社会主义理论体系概论等，指导学生的哲学思维，奠定其思想政治基础。

通过数理知识课程，包括高等数学、线性代数、概率论与数理统计；计算机知识课程，包括大学计算机、数据库技术及程序设计；文学知识课程，包括大学语文、文学类选修课；外语知识课程，包括大学英语；法律知识课程，包括法律基础、经济法概论；艺术知识课程，包括艺术类选修课；体育知识和技能课程，包括体育基础、体育项目、军事理论训练等课程；塑造学生的文化素养，使之得以开阔视野、拓宽知识面，德智体美劳全面发展。

辅以国际化经营、国际人力资源管理、人、工作与组织（People, Work and Organization）等双语课以及采用全英文授课方式，扩展学生的国际化视野，使之与新时代对企业家和职业经理人的国际化要求接轨。

（二）专业基础知识

工商管理专业基础知识主要有经济学、管理学、社会学等学科的基础理论。课程包括政治经济学、微观经济学、宏观经济学、金融学、统计学、国际经济学、财政学、计量经济学、管理学、管理经济学。这是工商管理专业学生未来从事企业家及职业经理人管理工作的专业基础。

(三) 专业知识

专业知识是指以职业为导向的专门知识，企业家和职业经理人的职业所需的专业知识主要包括涉及企业经营管理各环节、各方面的由战略到战术再到运营所需的各种专门知识。

企业家和职业经理人应从战略的角度统领全局，通过战略管理课程培养企业家和职业经理人的战略意识和战略思维。

企业家和职业经理人要做好对人和组织的管理，通过组织行为学、组织理论与设计、人力资源管理、国际人力资源管理、薪酬管理等课程协调组织，识人用人。

企业家和职业经理人要做好对资金的管理，通过会计学、财务管理学等课程用好资金、管好资金。

企业家和职业经理人要做好对信息的管理，通过管理信息系统、大数据技术与应用、物联网基础等课程掌握现代信息管理手段。

企业家和职业经理人要做好对企业整体及经营过程的管理，通过市场营销学、公司治理、管理运筹学、运营管理、供应链管理、国际化经营、市场调查与预测、新媒体营销、零售管理、质量管理、企业资源计划等课程，全面掌握企业经营管理的全过程。

企业家和职业经理人要具备创新创业知识，通过创业基础、创新创业管理与实践、创新设计思维、晋商精神与创业管理等课程能够具有创新思维，把握创业的机会。

企业家和职业经理人还应具备个人素养方面的知识，通过管理者情商、职业生涯规划与实践、商业伦理与企业社会责任、企业文化与企业家精神、商务谈判、管理沟通、领导艺术、管理学经典文献选读、管理研究方法与论文写作等课程，不断提升企业家和职业经理人的个人素养。

四、人才培养方案中能力结构的构建

（一）一般管理者需具备的能力

企业家和职业经理人不是一朝一夕造就的，需要以长期的职业历练为基础，因此，以培养企业家和职业经理人为使命的工商管理专业，在学生的能力培养中，首先以一般管理人员所需的基本能力为培养目标。具体来说，按照一般管理者需具备的能力主要有人际关系能力、信息获取与终身学习能力、分析问题与决策能力、专业技术能力、领导能力、组织能力、创新和创业能力等为依据，在人才培养方案中，通过以下课程设置来培养学生具备一般管理者所需的基本能力，如表3-1所示。

表3-1　　　　　　　　　能力需求与课程设置关系

课程	人际关系能力	信息获取与终身学习能力	分析问题与决策能力	专业技术能力	领导能力	组织能力	创新和创业能力
马克思主义基本原理概论		√	√				
毛泽东思想和中国特色社会主义理论体系概论		√	√		√		
哲学	√	√		√	√		√
中国共产党党史							
中国近现代史纲要		√					
思想道德修养与法律基础	√	√			√		
形势与政策			√				√
大学语文	√			√			
大学英语	√			√			
高等数学				√			
线性代数				√			

课程	人际关系能力	信息获取与终身学习能力	分析问题与决策能力	专业技术能力	领导能力	组织能力	创新和创业能力
概率与数理统计				√			
大学计算机基础				√			
大学计算机基础实验				√			
数据库技术及程序设计（ACCESS）				√			
数据库技术及程序设计实验				√			
体育基础				√			
新生研讨课			√	√			√
政治经济学		√		√			
微观经济学		√		√			
宏观经济学		√		√			
国际经济学				√			
财政学				√			
金融学				√			
统计学			√	√			
计量经济学				√			
管理信息系统				√			
管理信息系统实验				√			
会计学				√			
会计学实验				√			
财务管理				√			
经济法概论				√			
企业资源计划				√			
学科导论课			√	√			√
管理学	√		√	√	√	√	√

续表

课程	人际关系能力	信息获取与终身学习能力	分析问题与决策能力	专业技术能力	领导能力	组织能力	创新和创业能力
市场营销			√	√			
组织行为学	√			√		√	
企业战略管理			√	√	√		√
人力资源管理	√			√		√	
公司治理				√			
运营管理				√			
国际人力资源管理				√			
供应链管理		√		√			
国际化经营				√			
工商管理综合实验			√	√			√
创新创业管理与实践				√			√
市场调查与预测		√	√	√			
组织理论与设计	√			√		√	
创新设计思维		√		√			√
管理学经典文献选读				√			
新媒体营销				√			
管理研究方法与论文写作		√		√			
薪酬管理	√			√		√	
管理运筹学			√	√			
管理经济学			√	√			
商业伦理与企业社会责任				√	√		
商务谈判	√	√	√	√	√		
大数据技术与应用				√			

课程	人际关系能力	信息获取与终身学习能力	分析问题与决策能力	专业技术能力	领导能力	组织能力	创新和创业能力
物联网基础				√			
People，Work and Organization	√			√		√	
管理者情商	√			√	√		
零售管理				√			
晋商精神与创业管理				√	√		√
领导艺术	√			√	√		
管理沟通	√			√			
质量管理				√			
职业生涯规划与实践		√		√		√	
商品学				√			
企业文化与企业家精神	√			√	√		√

（二）新时代与资源型经济转型所需企业家和职业经理人需具备的能力

1. 认知能力

（1）概念能力。通过开设政治经济学、微观经济学、宏观经济学、财政学、金融学、管理学、企业战略管理、公司治理等课程，培养学生在认识和掌握经济运行客观规律的同时，逐步积累观察、分析和理解商业情境的能力。

（2）记忆能力。通过数据库技术及程序设计、数据库技术及程序设计实验、计量经济学、管理信息系统、管理信息系统实验、大数据技术与应用等课程，培养学生利用信息技术和知识处理和加工信息的能力，使各种决策所需信息在人脑记忆的同时，以这些知识和技术帮助记忆。

（3）计算能力。通过高等数学、线性代数、概率与数理统计、统计学、大学计算机基础、大学计算机基础实验、会计学、会计学实验、财务管理、市场调查与预测等课程，使学生对经营管理过程中的机会和风险有数字化的衡量，对经营过程中产生的成本收益有清楚的概念。

（4）语言表达能力。通过大学语文、大学英语、领导艺术、管理沟通、商务谈判、管理研究方法与论文写作等课程使学生具备较强的沟通能力，有效处理对内对外各种关系。

2. 政治能力

通过管理理论、公司治理理论以及与政治素质相关的课程，扩展学生对工商管理实践的认知视野，培养学生站在企业实践的更高层次看待工商管理的复杂性和情境性的思维观，逐步使学生对企业与国家、企业与社会之间的互动关系形成理性认知，了解要想成为合格的企业家和职业经理人，不仅要具备处理企业内部管理问题的知识、素质和能力，还要有处理企业与政府、企业与社会之间关系的能力。通过这些知识的学习和对管理实践的模拟学习以及对具体企业管理实践的观察、思考和参与，培养学生对与政府机构合作、为政府决策建言献策、了解把握政治动态和评估政策风险等方面的意识和能力。

3. 决策能力

（1）承担风险能力。通过市场调查与预测、晋商精神与创业管理、企业文化与企业家精神等课程，培养学生树立商业活动的风险防范意识，并从成功的企业家和职业经理人的创业经历和职业历练中体会作为决策者所需的承担风险能力的重要性和必要性。

（2）创新能力。通过创新创业管理与实践、创新设计思维、晋商精神与创业管理、企业文化与企业家精神以及管理学、战略管理、市场营销学等课程，培养学生的创新思维和创新观念。

（3）协调能力。通过管理学、企业战略管理、公司治理、管理运筹学、企业资源计划、供应链管理等课程，培养学生协调企业内外各种关系、各种资源的能力。

（4）识人用人能力。通过组织行为学、人力资源管理、薪酬管理、领导艺术、管理沟通、管理者情商等课程，培养学生有效识人用人，发挥每一个人的积极性和创造性的能力。

五、人才培养方案要求

(一) 人才培养方案中各学年计划目标及要求

（1）第一、二学年主要计划目标。达到英语、数学、计算机、体育等大学生基本素质和技能要求，掌握未来从事理论研究或实践工作的基础知识，培养人文精神与科学素养；完成工商管理大类下经济学、管理学系列课程的修读，掌握管理学科的基本理论和方法，为工商管理专业学习奠定基础；初步确定在工商管理专业方向下的个人发展方向。

（2）第三学年主要计划目标。通过工商管理专业课程学习，掌握专业知识与技能；通过创业类课程学习和实习实训、社会实践等活动，提高知识、能力和素质的系统融合，培养职业精神与创业创新意识。

（3）第四学年主要计划目标。强化专业方向的学习和培养；根据就业岗位要求，培育个人核心竞争力；完成毕业实习和毕业论文。

(二) 人才培养模式下学生课程修读的要求

（1）学生必须修读确定为本专业必修的课程，并取得相应的学分。

（2）学科大类课程、专业发展课程均设有选修课模块，学生根据学分要求和个人知识结构系统化需求进行自主选课。其中，专业发展课程选修模块中的"创新创业管理与实践"为限定选修课，不得用其他类型课程的学分替补，缺修或修读未通过不能取得学分。

（3）专业发展课程中的选修课程设置考虑了研究和就业创业类学生的不同诉求，大致分为研究模块和就业创业模块，研究模块的课程主要有："管理经济学""管理研究方法与论文写作""组织理论与设计""管理运筹学""管理学经典文献选读""商业伦理与企业社会责任""个人、工作与组织（双语）"等；就业创业模块的课程主要有："市场调查与预测""创新设计思维""新媒体营销""大数据技术与应用""薪酬管理""商务谈判""物联网基础"等。可以供学生选课时参考，并无硬性要求。

（4）在认定专业发展课程中的实践模块学分时，有一个前提条件，即每位学生在大学期间必须参加一次工商管理学院举办的管理案例大赛与营销策划大赛①或省级以上的专业竞赛。如果不符合这一前提条件，即使按照要求完成了学年论文、毕业实习与毕业论文（设计）三个环节，实践模块的学分也不予以认定。如果在比赛或竞赛中获奖，可以酌情认定为实践模块学分。

六、人才培养方案中的实践育人

实践教学是高等教育的重要教学环节之一，是指导学生理论联系实际、培养学生综合素质与创新意识的重要途径。企业家及职业经理人的培养，一方面需要学生掌握管理的基本理论、基本方法，用系统的理论武装自己；另一方面需要学生了解企业和社会，接触企业实际工作，置身管理的情境之中，增强感性认识，培育实际管理能力。因此，在人才培养方案中，根据工商管理的专业特点，以培养应用型、复合型、创新型管理人才为导向，通过完善实践教学体系，实现实践育人。

在人才培养方案中，实践教学由基础实践、学科专业实践和综合实践组成，如表3-2所示。基础实践课程主要是各类通识课的实验课和实训课，重在对课程理论内容的实验和实践；学科专业实践课主要针对课程中与实践紧密结合的理论内容通过实验和实践进行模拟，达到使学生更深刻地理解理论内涵，增强与实践密切联系的目的。其中的ERP实训课程是面向工商管理类专业设置的特色实训课，目的是通过ERP软件进行沙盘对抗演练，培养学生形成对商业运作过程及各个决策模块之间如何把握平衡关系的初步认知，从沙盘模拟中感受实际管理工作将企业内各项人财物资源优化配置的重要性和难度，为将来从事管理工作打牢专业知识基础和对管理工作的认知基础。

---

①　管理案例大赛与营销策划大赛是山西财经大学工商管理学院面向全校学生组织的大赛，是人才培养计划中面向实践教学体系的组成部分，将在本书第九章中进行详述。

表3-2   实践育人环节

实践育人环节		课程名称	学分 （分）	总学时 （小时）
实践 教学	基础实践	思想道德修养与法律基础实验	0.75	12
		毛泽东思想和中国特色社会主义理论体系概论实验	1	16
		大学英语实验	5.83	128
		大学计算机基础实验	1	20
		数据库技术及程序设计实验	1.5	42
		大学体育实践	4.5	136
		军事理论训练	2	36
	学科专业实践	组织行为学实验	1	16
		市场营销学实验	1	16
		会计学实验	1	16
		财务管理学实验	1	16
		计量经济学实验	1	16
		管理信息系统实验	1	16
		企业资源计划（ERP）实训	1.5	24
		运营管理实验	1	16
		工商管理综合实验	2	32
		创新创业管理与实践	1	16
		职业生涯规划与实践	1	16
	综合实践	学年论文	2	
		毕业实习	2	
		毕业论文	4	
合计			37.08	590

除此之外，表3-2未列入但在学分计算时结合使用的培养内容还有：①充分利用学院与企业共建的数十家实践实训人才培养基地的优势，请进来，走出去，采用企业家及职业经理人进课堂，学生到实践基地集中参观

调研、分散顶岗实习等多种实践方式，实现产教合作协同育人目标，并将企业实践成果与学年论文、毕业实习、毕业论文要求有效结合；②将管理案例和创新创业大赛和营销策划大赛作为学生参与企业实践的重要抓手去推动，通过遴选案例企业和企业问题，通过走进企业了解真实的管理问题，通过教师与学生对企业问题的深度解剖和分析，通过比赛环节一轮又一轮地针对问题拾遗补缺修改方案，使学生在真实的管理情境中体会和领悟理论学习与管理实践之间如何对话、碰撞并合二为一，起到实践与理论学习互相促进的作用，比赛成绩作为创新创业管理课程的加分项；③在开设"晋商精神与创业管理"课程的同时，充分利用明清晋商传承下来的晋商精神与管理智慧，将晋商精神与现代企业发展的实际相结合，赋予晋商精神以新的时代内涵，在将其融入创业教育中的同时，通过晋商精神熏陶，培养工商管理专业学生遵循商业伦理、崇尚信义、取财有道、洁身自爱的道德修养，树立创新思维、创业意识，传承与发展明清晋商的管理智慧，将与晋商精神传承与发展有关的案例编写和分析成绩作为该门课程的考核内容之一；将每月组织一次的振东管理大讲堂和不定期组织的管理智慧大讲堂与大学生创新创业管理课程相结合，综合考核给出成绩。

第四章
"1+3+6" 人才培养模式的 "教"
——教师如何教

    山西财经大学工商管理专业作为国家一流专业建设点，教师始终践行"传道""授业""解惑"的根本任务，在多年的教学中，坚持教书育人。本章通过对山西财经大学工商管理专业教师的访谈，借鉴知名商学院教授的观点，发现工商管理专业教学效果受到工商管理专业教师对教学的认知、对教学的实施和对教学的反思这三个因素的影响。其中，工商管理专业教师对教学的认知包括教师对自身角色的认知、对学生需求的认知、对教学目标的认知、对教学过程的认知；工商管理专业教师对教学的实施包括教学语言表达、教学方法创新、教学手段创新、教学内容创新、教学思想创新、教学艺术研究、教学互动表现、学习动机激发、教学质量提升；工商管理专业教师对教学的反思包括课堂氛围反思、授课质量反思、教师心理建设、教师经验积累。本章还系统介绍山西财经大学工商管理专业案例教学特色，总结如何将教师的教学认知能力、教学实施能力、教学反思能力融入案例教学中，如何通过案例教学提升教师的教学能力，从而更好地适应新时代新商科的专业发展要求。

一、工商管理专业教师对教学的认知

（一）对自身角色的认知

    工商管理专业教师是知识传播者、课堂领导者、学习先行者、实践引路人、教育负责人、成长的伙伴。从传播知识到组织课堂教学，从自身学习到为学生引路，从担负教育责任到参与学生成长，教师对自身角色的认知决定了教师对教学的整体认知，体现了教师能否承担起"传道、授业、解惑"的教学根本任务。

1. 知识传播者

教师承担着知识传播者的重要角色，把管理理论知识和实践知识传递给学生是工商管理专业教师的基本使命和职责。

2. 课堂领导者

课堂领导者角色的含义是指教师要从"课堂管理者和教学者"转变为"课堂领导者和学习指导者"。教师的角色不是演员而是导演，工商管理专业教师的教学需要老师们放弃"我是学者"的视角，成为课堂的领导者，在课堂教学中运筹帷幄，带领并指导学生学习。

3. 学习先行者

教师要有传播学识的能力，不仅自身学识扎实，更要具备终身学习的理念意识。工商管理专业教师学习先行者的角色要求教师在教学时要率先垂范，加强自身学习，学在教学之前、学生之前。只有教师自身有了充分的知识积淀，才能胜任教学工作。教师要传道授业，必须自身知识丰富、业务精通、治学严谨、注重创新，在学术和知识方面必须高于学生或对学生有所指引和帮助。工商管理专业教师应该坚持把学习放到教学的首要位置。

4. 实践引路人

作为工商管理专业教师，还要承担实践引路人的角色。工商管理学科有其科学性和实践性，作为高校工商管理专业教师，承担着教书育人的神圣职责，教师不仅应传授管理理论知识，更是学生的管理实践引路人，教师应始终以学生为中心，紧紧围绕工商管理学科特点，循循善诱，因材施教，在人生的岔道口为学生指点迷津，引导其步入正轨，承担实践育人的使命。

5. 教育负责人

工商管理专业教师是管理教育的负责人，对学生负责、对社会负责，就是对自己负责、对教育事业负责。工商管理专业教师要从内心热爱并珍惜教育事业，要把教育作为为之奋斗的事业，而不只是作为谋生的职业。

6. 成长的伙伴

教师是学生成长的伙伴。工商管理教师对学生构建价值观体系和未来实践经验有独特的作用，很多学生不是不明白问题的含义，而是找不到解决问题的途径。工商管理专业教师需要与学生为伴，帮助他们分析问题的症结，找到解决问题的方法。在教书育人的同时，做学生成长的伙伴。

（二）对学生需求的认知

工商管理专业教师教学需要挖掘工商管理专业学生的需求，包括学习基础知识的需求、解决实际问题的需求、掌握方法论的需求、渴望个性化关怀的需求。工商管理专业教师对工商管理专业学生需求的认知决定了教师要"教什么"的问题。

1. 学习基础知识的需求

工商管理类学生在学习的过程中首先对管理基础理论知识有需求，工商管理专业教师首先要将工商管理学科的相关基础知识灌输给学生，满足学生对管理基础理论知识的需要，培养学生的管理理论基础，从而为管理实践学习做铺垫。

2. 解决实际问题的需求

工商管理专业学生希望教师传授的理论知识是可以指导实践的，能够解决实际问题的。学生需要的是能够切实指导他们实际工作的思维方法。工商管理专业教师应该教授给学生实实在在的东西，对实际工作真正有帮助，才能真正做到对学生负责。

3. 掌握方法论的需求

传授给学生的理论知识不仅是与解决实际问题密切相关的，而且要满足学生掌握"运用理论知识解决实际问题"的方法，即用工商管理学科的方法论指导理论与实践的结合，增强学生宏观把握问题的能力。只要能帮助学生解决实际问题，给学生一个正确的方法论，学生自然就会喜欢课堂。

4. 渴望个性化关怀的需求

学生希望教师能够满足自己的个性化需求。学生都希望教师能够多多关注自己，能根据自己的特点"因材施教"。工商管理专业教师应该关注

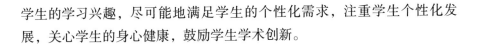

学生的学习兴趣,尽可能地满足学生的个性化需求,注重学生个性化发展,关心学生的身心健康,鼓励学生学术创新。

(三) 对教学目标的认知

工商管理专业教师通过教学,应该树立学生的精神品格,传授给学生基础的管理知识和方法,培养学生的管理思维,提升学生的学习能力,并帮助学生搭建起理论联系实际的桥梁。教师对教学目标的认知决定了教师"教到哪里去""教到什么程度"的问题。

1. 树立学生的精神品格

工商管理专业教师的教学工作首先服务于树立学生精神品格的目标。树立学生的精神品格包括爱国主义思想、品德修养、奉献精神、求真务实的精神、研究精神等。教师应该致力于培养具有扎实理论功底、朴素人文精神、积极创新意识、全球商业思维、良好执行能力的企业家与职业经理人。要注重培养学生的研究精神,多阅读,多思考。

2. 传授学科基础知识和方法

工商管理专业教师要全面而系统地传授给学生工商管理学科的基础理论知识和方法等,既要上好基础课,又要有相对稳定的专业课方向。工商管理专业教师要以渗透学科的思考,让学生在掌握知识的过程中,掌握学习的方法。"授之以鱼不如授之以渔",这样才能让学生走得更远,才能培养出更多的企业家与职业经理人。

3. 培养学生的管理思维

工商管理专业教师要在传授理论和实践知识的同时,培养学生工商管理学科的思维方式,帮助学生搭建起工商管理学科特有的思维惯性。要教会学生系统思维的过程。不能就一门课程讲一门课,要培养学生分析问题、解决问题的能力。教学的一个重要目的就是让学生学会管理理念,要达到三学——学思想、学选择、学碰撞。教师不是只向学生传授理论,也不只是技巧,要在有限的时间内传递给学生站在管理者位置上如何思考组织目标和管理实践相匹配的问题意识,使学生初步具有研究能力。

4. 提升学生学习能力

提高学生的学习能力是工商管理专业教师的教学目标之一。教师应着力培养学生放眼全局的战略眼光，培养学生运用所学理论分析实际问题的能力。教师组织学生通过分析、讨论，使学生明白不同背景下管理问题的处理方法，提高学生应变能力和解决问题的能力。

5. 搭建理论联系实际的桥梁

工商管理专业教师应该帮助学生搭建起理论联系实际的桥梁，指导学生"如何用理论解释实际""如何用实践丰富理论"。实践与理论的相互促进和内在联系是工商管理学科的基本特色，只有教师帮助学生搭建起理论联系实际的桥梁才能真正完成工商管理教学的任务。

（四）对教学过程的认知

教师教学的过程是教师启迪学生的过程，也是教师自己深化知识的过程。工商管理专业教师不仅要学习前沿的知识，更要通过一次次知识的外化积累自己的工作经验，在启迪学生的同时丰富自我。

1. 启迪学生的过程

教师教学的过程是教师启迪学生的过程。工商管理专业教师应提高对教学任务的重视，认真准备。教师把课程准备成什么程度，就能启迪学生到什么程度。教师在管理教学过程中，不能仅局限于一本教材，或几本教材，而应通过对大量相关文献和管理案例的收集、整理、研究，形成自己独特的观点，这样才能给学生以很好的启迪。

2. 知识深化的过程

教师的教学过程是教师知识深化的过程。教师反复地讲授课堂知识点，重复地深化学科知识，将学科知识凝结在自身的思维方式中。而工商管理专业教师必须在教学上精益求精、不断追求完美。工商管理专业教师想要讲好一堂课，就需要不断地进行知识深化。在课前，教师要熟悉所讲内容，深钻教材，把准重点、难点、关键点，注重知识内在规律的研究。教师要对东西方管理理论有透彻的理解，要进行长期的积累和思考。

3. 学习前沿的过程

除了对已有管理理论知识不断深化外，工商管理专业教师教学还要把握工商管理学科的知识前沿，不断更新知识体系。工商管理专业教师应该广泛学习新的知识，从书本上学、从实践中学、从同行中学、从学生中

学。教师对工商管理教学的过程是教师学习前沿的过程。

4. 知识外化的过程

教师教学的过程是教师将储备的知识外化的过程。工商管理专业教师教学的过程体现了自身对工商管理学科的理解，以及教师自身对学科知识的掌握。教师在教学过程中通过知识外化的方式实现了与学生之间的知识传递。教师在教学过程中，不仅要向学生讲授一般的理论和方法，更重要的是向学生讲清其背后的思想，要用鲜活的思想激活学生的思维。

5. 积累经验的过程

工商管理专业教师除了通过教学过程不断积累教学的经验，还要通过工作和生活积累实践和管理经验，从而结合理论知识传递给学生，让学生用于解决实际问题。工商管理专业教师教学过程既是一个专业知识深化的过程，也是一个积累经验的过程，应善于总结，善于发现，善于沟通。

二、工商管理专业教师对教学的实施

（一）教学言语表达

深入浅出地为学生传递课堂知识是工商管理专业教师对教学实施过程中言语表达的要求。教师应该时刻"为人师表"，用自己端正的态度、良好的个人形象和言语技巧组织课堂。

1. 注重良好的个人形象

工商管理专业教师应该始终保持良好的精神面貌和个人形象，以饱满的精神和庄重的仪容展现在课堂教学中。

2. 培养言语表达技巧

工商管理专业教师在教学实施过程中要注意言语表达技巧的使用。在讲授过程中，如果自始至终对学生视而不见，以同样的语调平铺直叙甚至念稿（念书），那么学生逃课、打瞌睡就很正常了。所以，教师要注意语调的抑扬顿挫，轻重缓急，随时根据课堂情况调整讲授进度和内容，适当使用幽默风趣的语言可以吸引学生听课的注意力。

3. 提升深入浅出的讲课能力

工商管理专业教师在教学实施过程中要讲究深入浅出的讲课能力，能把复杂的学术理论清晰明了、通俗易懂地传授给学生，在"让别人懂"上多下功夫。要处理好"自己懂"与"让别人懂"的关系，让学生真正理解课堂内容。用最简单、最清晰的语言把最重要的东西传递给学生，并且善于概括总结，突出重点。而讲课做到通俗易懂并不是一件容易的事情，要求教师不断提升自己的言语表达能力。

（二）教学方法创新

一成不变的传统的教学方法已经不能满足现代工商管理专业学生学习的需要，工商管理专业教师创新理论教学、创新教学模式、创新教学形式有利于教学实施突破传统束缚，更好地引导学生课堂学习。

1. 创新理论教学

创新理论教学指工商管理专业教师在教学实施过程中要突破传统的理论教学，不拘泥于基本理论的讲述。案例教学是一个很好的教学方式，可以有效地提高学生的实际工作能力。通过理论和案例结合的讲授，向学生揭示理论背后的规律，掌握解决实际问题的方法。再者，教师可以同时开展系统和专题相互结合的讲授方式，适当注重专题，实现学术与实用并重，理念与操作共举。在讲授中既要重视对理论知识的讲解，同时还要注意理论用于实践的问题。只有这样才能让学生的实际管理能力得到提升。

2. 创新教学模式

要创新教学模式，改革教学方法是关键。工商管理专业教师采用启发式教学，在教学过程中通过细致的分析，引导学生自己得出结论。教师采用"立体化"教学，贯彻"教学互动、灵活多变、开拓创新"的教学理念。教师采用体验式教学，能将大脑各个功能区块充分调动起来，最大限度地增强学生对知识的吸收能力。

3. 创新教学形式

工商管理专业教师对教学的实施要在教学形式上不断创新，在课堂上要注意内容和形式相结合。深入到教学实践里，善于把学理讲解、案例分析、课堂练习、自我测试、课堂模拟、特殊专题等进行有机结合，帮助学生更好地掌握所学知识。教学过程中可组建小组进行课题研究，每部分的研究或报告注明执行人并保留材料，最后通过 ppt 和实践报告形式展示，老师给予评价，一方面有效检验学生自主学习情况，另一方面也能防止"搭便车"现象，端正学习态度。为了让学生能够开拓专业视野，积极带着学生做项目，让学生在专业知识的应用中提升自己。创新引入项目教学法，将教学与科研有机结合，教学过程中安排学生围绕理论专题到企业中调研。

（三）教学手段创新

随着信息技术在教学教育改革中的不断应用，信息资源的利用已经成为学生和教师获取学习资源的主要途径。而教学设备的使用和教学内容载体的创新主要服务于教师和学生获取多样化的信息资源。

1. 创新信息资源的利用

创新信息资源的利用是教学手段创新的重要部分，现代信息技术的应用已经成为教育教学中不可或缺的一种手段。创新信息资源的利用不仅要求工商管理专业教师运用信息技术，还要利用信息网络整合各种信息资源，给学生带来丰富的知识，充分利用现代化教学手段，实行线上、线下、混合式相结合的一体化教学模式。在实践教学方面，作为应用型本科必须强化实践操作训练，善于利用各种社会机构的资源，为锻炼学生的管理思维提供坚强的技术手段。

2. 创新教学设备的使用

现代化的教学设备的使用可以吸引学生的注意力，同时加深学生对课堂内容的理解。在课件的准备上投入了很大的精力，并不断地进行修改和完善，精美的幻灯片可以有效地提高学生的听课热情。工商管理专业教师要不断更新课件内容和制作方式，注意在课件的形式上力求多样化，有文字、图表、图形，使学生感觉具体、生动。熟练制作和使用多媒体课件是对教师教学的必然要求。

3. 创新教学内容的载体

创新教学内容的载体是突破教学局限性的手段。教学内容的载体不再局限于教材和教师的板书。力求案例形式的多样化，既包括文字、视频性案例，又有企业、国外的节目。工商管理专业教师要擅长以实例、思考题、画图等方式吸引学生参与课堂讨论。

（四）教学内容创新

教学内容的创新则要求工商管理专业教师从内容的深度和广度上，将学科的前沿动态和实践、科研成果引入到教学实施过程中，不断丰富、革新教学内容。

1. 延伸教学深度和广度

教学内容的创新首先要延伸教学的深度和广度，纵向或横向拓展教学内容，帮助学生分析一些经典管理书籍的经典论述，指导学生课后阅读重点管理名著，进一步体会、理解、掌握管理理论，延伸课堂教学的深度和广度。延伸教学深度，可以把凝聚着智慧和实践经验的优秀案例，比照中国企业目前面临的实际问题，为学生进行深度的讲解。延伸教学广度，可以将自己学习与研究的思维方法、解决实际问题经验和体会融入讲课中。一方面根据教学内容的需求对原有实践基地企业进行优选增减；另一方面通过学生与教师共同编写企业案例用于课程教学，并在此过程中为企业提供管理咨询等方式，既为资源型本土企业服务，又在此过程中，增强学生从实践中体验管理和感悟管理的意识和能力；同时，通过企业运营仿真模拟，培养学生的决策实践能力和对实践中各种决策条件之间复杂联系的理解和驾驭能力。此外，通过两个讲座平台，从专业理论与实践学习和思想教育两个方面，培养学生对社会热点问题和管理实践的专业敏感度和理性思维能力，不断增强通过管理工作服务社会的使命感和责任感。

2. 科研与教学相结合

为了提高教学质量，工商管理专业教师应该将科研与教学相结合，用科研反哺教学工作。先要有科研经验，然后把科研方法和经验迁移到教学上，用科研思路去研究教学问题，把教学问题研究透彻后，就会发现教学跟科研一样，别有一番洞天。摸索到规律并反复验证后，教学就能做到事半功倍。而教学研究中最难的就是研究人的因素，这方面的经验可为管理提供有效支持。

3. 将前沿成果引入教学

教学内容的创新要把前沿成果引入教学，教学内容要坚持信息化改造。积极吸纳科学的教育理念和最前沿的科技成果是不断提高工商管理专业教学质量的保障。工商管理专业教师要注重教学内容和教学手段的更新与改进，持续关注专业理论和实践发展的需要，及时更新教材体系，把教改教研成果和本学科领域最新成果引入教学。例如，将课程团队的科研成果，运用到经济社会发展尤其是国家资源型经济转型发展中遇到的问题上，通过与学生共同破解难题，指导学生撰写论文，提出解决问题对策建议与管理策略等，使学生感悟理论科学性与管理实践艺术性，激发学生学习兴趣。并通过开发资源型企业案例应用于课堂教学，提升人才培养服务资源型经济转型发展的效果。

（五）教学思想创新

工商管理专业教师需要不断创新教学思想。教学思想的创新就是打破常规的过程，要求教师引入辩证的哲学思维，用系统思维把控教学全局，致力于打破学生的惯性思维，不单单是知识的灌输，还要坚持务实创新的教学理念。

1. 引入辩证的哲学思维

教师要将辩证的哲学思维引入到教学中。要让学生认识到，所有的规律、原理和方法都是具有情境权变性的，要用辩证思维看待管理实践中的问题和理论中蕴藏的道理；让学生认识到知识是彼此联系的，是个融会贯通的整体，要用哲学的思维方法进行系统思考。

2. 用系统思维把控教学全局

工商管理学科要求教师用系统思维把控教学全局，也要求学生使用系统思维学习相关课程。在课堂上努力培养学生博采众长、融合提炼的思维方式，教育学生要树立一个全面、客观的观念，正确看待国内外的经营模式，从中找出对自己有益的东西，确立自己企业的发展思路。

3. 打破学生思维惯性

工商管理专业教师要坚持打破学生的思维惯性，帮助学生建立起管理学科学的思维方式。经过认真的思考，把自己对西方管理理论转化之后的深刻认识和学生进行交流。课程设计上，关键的不是教师设计什么，而是让学生学到什么。不断打破同学们的思维惯性，有破有立地帮助大家建立理论体系。

4. 坚持务实创新的教学理念

工商管理专业教师要始终坚持务实创新的教学理念，时刻进行思想创新。在参与式课堂教学中，保持"归零"的心态，认真倾听和理解学生的分析，通过发挥自身的学术专长，以"旁征博引"的方式，真正达到"学""思""知""行"合一的教学目标。作为教师，自己首先要不断创新，在吸收前人经验的基础上，形成自己对管理理论和实践的全新理解，只有这样才能影响、带动学生树立创新观念。

（六）教学艺术研究

教学艺术研究主要体现在课程设计、授课过程和授课风格上。好的课程设计往往能收获较好的教学效果，艺术化的授课过程往往能够引导学生学习，而幽默风趣的授课风格往往能够引人入胜。

1. 研究课程设计的艺术

在课程设计上，工商管理专业教师应将战略与战术相结合、理论和实务相结合、刻苦学习和快乐学习相结合、系统与专题相结合。要注意从整体目标入手、侧重从概念体系的层面，以宏观的角度来阐述管理问题，引导学生掌握正确解决企业问题的方法。

2. 研究授课过程的艺术

工商管理专业教师要正确把握好课程开头、中间、结尾三个阶段的特点，讲课时要使学生感到自然而不是突然的过程。教师出问题，然后用案例给出答案，通过对案例的深刻分析，最后进行理论升华，使学生有一种彻悟的感觉。

3. 研究授课风格的艺术

工商管理专业教师授课风趣幽默，授课方式别出心裁，风趣的语言和趣味的讨论互动可以迅速让同学们沉浸于课堂中。精彩的导入会使学生如沐春风，如饮甘露，进入一种美妙的境界，使学生产生浓厚的兴趣并怀着一种期待、迫切的心情渴望新课的到来。

（七）教学互动表现

教学互动可以提高学生课堂参与度，使学生参与到课堂教学中。工商管理专业教师可以从学生的反应中获得信息反馈，有助于教师了解学生的学习需求和学习兴趣，从而增进教师和学生的关系，教师和学生关系的改善又可以反作用于教学互动，从而提高教学质量。

1. 教学互动是提高学生课堂参与的加速器

教学互动可以加速学生参与到课堂教学中。每个章节的讲授中，都包含章前思考题，章后案例，习题与讨论几个部分。通过提问、思考、讨论、总结等手段提高学生的注意力，增强教学效果。

2. 教学互动是引发教师思考和学生反应的催化剂

教学互动可以引发教师思考学生在课堂上的反应。工商管理专业教师可以随机就学生关心或提问的问题展开研讨，鼓励学生提问，学生的提问能刺激教师更深入思考。在与学生交流的过程中，教师可以从学生身上学习，通过讨论可以相互促进，相得益彰。教师在课堂上要注意观察，针对学生的反应，及时调整讲课的思路。学生们的积极参与为课堂呈现了大量零散的主题和知识点，教师需要对这些主题进行聚合、串联和提炼，并将其重新呈现给学生。教师要善于听取学生的意见，要增加学生的参与度。相比之下，单一的传授式可能就缺少了这种教学相长的过程。

3. 教学互动是联结教师与学生关系的黏合剂

师生的相处不应当拘泥于课堂之中，对于课堂之外的讨论，也可以采用多样化的方式为同学们提供帮助。与那些不经常和老师交流的学生谈心，鼓励他们多和老师互动，给予他们足够的关心，体现出师生间的尊重，这也是作为教师的本职工作；这样一来，课堂互动性也有了很大的提高，教学效果自然提升了。

（八）学习动机激发

学生的学习动机激发包含两个方面，一方面是学生学习兴趣的激发，另一方面是学习积极性的激发。教师一方面要着力培养和发掘学生的学习兴趣，因为兴趣可驱动学生提高学习动机，另一方面要激发学生的学习积极性，让学生对自己不感兴趣的领域也能有所学习，促进学生的全面发展。

1. 学习兴趣激发

工商管理专业教师要懂得激发学生的兴趣，引导学生的思想，这有助于提高学生学习的热情，对专业的热爱。通过故事（案例）诠释管理问题，引人入胜；与其传授给学生既有知识，不如传授给学生探求知识的方法；与其传授给学生探求知识的方法，不如激发学生探求知识的兴趣。兴趣是最好的老师。

2. 学习积极性激发

工商管理专业教师应该循循善诱，充分调动学生的积极性和主动性。如何最大限度地调动学生的学习积极性和探索精神，这是一个在教学实践中至关重要的问题。鼓励学生自己去思考、分析、解决问题，得到结果。

（九）教学质量提升

工商管理专业教师应该在注重培养学生思想品德的基础上，不断提升理论和实践教学的质量，理论知识准确、清晰地传授和讲解是学生的基本需求，实践知识的掌握和解决实际问题的能力的提升是学生学习的现实目标。

1. 理论教学质量提升

不断提升理论教学的质量是教师对教学实施的基本要求。工商管理专业教师通过深入的分析、讨论，帮助学生掌握分析问题和解决问题的方法，教会学生如何用理论知识指导企业的实践工作。只有这样，才能把问题讲透，在学生提问时，才能迅速判断出问题的根源，给学生很好的启发。教师在讲课中要突出对原创思想的理解，原创思想非常精粹，要让学生正确理解原创理论的实质，使他们感受到早期的经典管理思想，对现在仍有重大影响。帮助学生提高对事物规律性的认识，掌握解决问题的方法，扩大战略眼光的视角。

2. 实践育人质量提升

不断提升理论教学的质量是教师对教学实施的现实要求。工商管理专业教师对工商管理学科独到的理解和思维角度对学生的影响很大，会直接影响到学生思考和解决实际问题的方式和方法。要狠抓学生实践实习工作，建设优秀的教学实践平台，真正做到学以致用。只有促进了综合素质和能力的提升，学生才能得到社会的认可。以立德树人为主线（将学生做人、做事、做学问相统一），探索如何引领学生树立正确的世界观、人生观、价值观，将专业学习置于坚定的政治觉悟和服务国家、服务社会尤其是资源型经济转型的理想信念以及良好的伦理道德观的统领下，塑造学生知行合一的专业素养。提出了以塑造学生灵魂、以文化人、课程思政、创新创业思想培育等为主的柔性管理思想，在"三全育人"基础上，通过创新创业大赛、晋商精神熏陶培养学生的创新创业精神和服务资源型经济转型发展的自觉性和能力，使学生不仅能够掌握广博的知识和精深的专业技能，还能有家国天下的理想信念、创新创业的事业激情以及为资源型经济转型献计献策的主动性，为将来走向社会成为有用人才，奠定思想政治基础，打造未来竞争的软实力。

三、工商管理专业教师对教学的反思

（一）课堂氛围反思

工商管理专业教师对教学课堂氛围的反思要从两方面进行，一方面是教师是否能够营造轻松快乐的学习氛围，另一方面是教师能否把握活跃的课堂节奏。轻松快乐的学习氛围有助于学生学习热情的激发，活跃的课堂节奏有助于学生对课堂内容的掌握。

1. 营造轻松快乐的学习氛围

轻松快乐的学习氛围，即要倡导教师乐教、学生乐学。针对学生特点，采取讲课、讨论、案例讨论和讲述典型故事相结合的方式，给学生营造一个轻松、愉悦的学习氛围。

2. 掌握生动活跃的课堂节奏

在课堂教学中，工商管理专业教师应注意学生的情绪和反应，适时掌握上课的气氛和节奏，才能做到寓教于乐。课堂上热烈的讨论和鸦雀无声的凝神谛听，才是一个教师所追求的境界，也是学生对老师最好的褒奖。

"热烈的讨论和鸦雀无声的凝神谛听"就是教师掌握课堂节奏的结果,学生总是可以以饱满的学习热情学习课堂的知识。

(二)授课质量反思

工商管理专业教师对教学授课质量的反思包括知识传授的成效反思、实践应用的成效反思、教学能力提升的反思。知识传递和实践应用成效反映了教师教学能力的水平,教师的教学能力的提升又反作用于知识传递和实践应用成效。

1. 知识传授成效反思

工商管理专业教师授课要着力开阔学生的视野,拓宽学生思考问题的思路。工商管理专业教师授课之后,要主动收集学生的反馈。如果学生们普遍反映收获很大,能力水平得到提升,有一种豁然开朗的感觉,而且还能得到许多人生有益的启迪。这样的反馈结果是教师知识传授追求的成效。如:针对教学与服务地方经济发展结合不够紧密的问题,将对资源型经济转型发展极具启发意义的晋商人力资源管理、资源型企业管理作为专题融入课程内容,培养学生的创新创业思想,为资源型经济转型发展服务;针对重知识传授轻思想教育问题,一是将习近平总书记提出的我国社会主要矛盾论断中蕴涵的"人本管理"思想与中国共产党人的初心使命——为人民谋幸福、为中华民族谋复兴与教学内容相融合,培养学生的人本管理理念;二是通过讲好全心全意为人民服务与"看不见的手"相融合的内在机理,使学生们更加坚定"四个自信",增强"四个意识",做到"两个维护";三是通过课程内容设计与课堂研讨机制,使学生树立个人、团队、组织、社会合作共赢的做人、做事、做学问理念。

2. 实践应用成效反思

工商管理学科的特点要求教师授课内容要应用于实践。作为工商管理专业教师,在教学风格上必须应强调务实,重在理论联系实际,空洞的说教对学生难有大的帮助。例如,采用以问题为导向(由教师、企业家提出问题)、教师为主导、学生为主体,教师、学生与企业家协作"会诊"的教学模式,启发学生探究学习。在此过程中,与学生共同推论知识、发现知识、构建理论,用推论、发现的知识以及构建的理论解释、解决现实

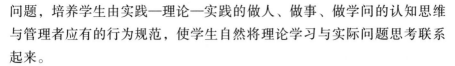

问题，培养学生由实践—理论—实践的做人、做事、做学问的认知思维与管理者应有的行为规范，使学生自然将理论学习与实际问题思考联系起来。

3. 教学能力提升反思

教学能力的提升是教师授课质量提升的标志。对于工商管理专业教师本身，应该通过教学过程提升自身的教学能力。好的讲解能给学生联想和启迪，像赏心悦目的作品，给人以享受，能够"启惑"学生，引起学生思辨、提出困惑。只有不断提升教学能力才能提升授课质量，教师才能获得学生如此高的评价。一是引导和鼓励教师走出校门进行以实际问题为导向的科学研究，将论文写在祖国尤其是资源型经济转型大地上，避免教师做脱离实际的科研；二是通过鼓励教师参与教学观摩比赛和在教研室活动中交流探讨教学方法等提高教师的教学水平；三是将教学、科研、学科、导师团队合一，在以问题为导向的团队科研攻关中，创新教学内容，在科学研究中，提高教师水平；四是组成教学团队，每门课由 3 ~ 5 人共同开设，在课前、课中、课后进行课程教学研讨，在研讨中，提高教师水平与教学质量；五是派教师到国外与国内名校学习、观摩教学，开阔视野，提高素质和能力；六是与实际管理部门和企业家联合进行科学研究与教学，提高教学与企业管理实践的融合效果；七是发挥学院教指委作用，对学院专业建设、课程建设、教学活动进行指导监督；八是学生对教学效果进行背对背评价反馈，促进教师提高教学水平；九是成立案例中心，鼓励教师根据企业实践编写教学案例，通过自编案例与教学内容的有机结合提高教师基于实践的教学能力；十是加强课程思政建设，提高教师政治素质，培养学生面向未来成为新时代与资源型经济转型所需企业家与职业经理人。

（三）教师心理建设

工商管理专业教师在教学过程中的心理建设是依靠教师的使命感驱动的，教师靠自身心理的建设完成输入的过程，通过教学实施过程，获得属于教师的荣誉感、幸福感和满足感，同时也受到来自学生的激励和促进。

1. 心理驱动建设

工商管理类教学要坚持围绕教学的战略、使命驱动，才能确保人才培养目标与人才培养效果保持一致，用正确的方法做正确的事。教师应该不忘初心，牢记使命。教师的天职要求教师时时保持一颗热爱教学的心，对课堂存有敬畏之心。教师应以德为本，身教重于言教。以身作则才能对得起教师的职业，以一颗赤诚之心去搞好教学，真正做到"师爱为魂、才高为师、身正为范"的教师标准。

2. 心理建设输入

工商管理专业教师心理建设输入建立在对工商管理教学知识的把握上、思维方式的创新上、百折不挠的精神上、不懈努力的准备上。要对相关的管理领域有比较深入的研究。只有这样，才能在课堂上，表现出非凡的自信，也才能充分展现个人魅力。要开阔视野，勇于创新，走出教育的舒适区。独立思考就容易犯错，让学生看到老师也会有错，老师是如何对待错误，这种科学求实的精神比简单的是与非更重要。

3. 心理建设输出

工商管理专业教师心理建设输出的就是热情洋溢的事业心、朴实无华的育人心，以满腔的热情投身于工商管理的教学事业之中，深受学生们的爱戴，为教师职业萌生优越感、荣誉感。要从评价的角度鼓励教师在教学上多投入，要让他们有相应的荣誉感。

（四）教师经验积累

工商管理专业教师对教学的经验反思从教学经验、学习经验和实践经验三方面进行。教师的工作本身就是积累教学经验的过程，从第一次站上讲台的云里雾里到积累经验之后的从容镇静；教师的工作本身就是学习经验的积累过程，教书育人首先要自己掌握理论知识；教师的工作本身就是实践经验的积累过程，教师积极参与实践才能帮助学生搭建起理论联系实际的桥梁。

1. 教学经验积累

工商管理专业教师要积极接受新生事物，做跨界人才，注意与时俱进不断推进课程建设。关心专业发展，积极参与教育教学改革和教材基本建设。教师实施教学、参与教学改革、参与课程建设都是在完成教学工作，这同时也是积累教学经验的过程。

2. 学习经验积累

工商管理专业教师必须是开放的，要善于与学生沟通交流，善于从学生、从其他老师那里学习。对管理学名著的不断解读，能够真正听到管理大师的声音，可以完整理解大师的管理思想，通过反复思考，使之融为自己的思想，有利于自身教学水平的提高。虽然课堂上，作为老师给学生传授知识，但课后教师自己的学习应该永远在路上。

3. 实践经验积累

工商管理专业教师对中国企业的实践也要有深度的体验和思考。要深入企业，特别是优秀的大企业，要接触企业高层，只有这样才能真正了解到中国企业实际面临的问题。教学要求教师积极参与实践工作，用实践的语言解释学者的理论。

四、山西财经大学工商管理专业案例教学特色

山西财经大学工商管理专业始终围绕"扎根三晋大地，创新管理研究，培养具有晋商精神的卓越管理人才"的办学理念，努力成为引领资源型经济转型发展的一流商学院。按照上述要求，工商管理教育既要考虑课程设置中的理论性、知识性和专业性，更要在学习实践中贴近本土企业发展现实。案例教学是一种启发性和互动性较强的教学方式，可以帮助学生在实践中参悟理论，在理论中融入实践。采取案例教学方法的教师在授课前要经过周密的策划和准备，根据教学目的选择特定的案例并指导学生提前阅读，组织学生开展讨论或争论，形成反复的互动与交流。案例教学的特点主要表现在教学目标明确、教学素材真实客观、教学过程动态交互强等方面。案例教学的优势在于将隐性知识显性化，无论从对学生思维方式的启发和实践能力提升方面，还是从促进实现教学相长、激发学生学习热情方面，案例教学都是不可替代的路径。随着新时代新商科的发展要求，案例教学已经成为工商管理等应用性、实践性要求较高的专业课程教学中的重要方式。山西财经大学工商管理专业积极探索案例教学和开发工作，取得了显著的成效。

（一）构建"选、编、赛"案例教学体系

为了充分发挥案例教学在管理理论学习与管理技能提升中的桥梁作用，工商管理专业成立了案例研究中心，围绕本土案例筛选、编写和运用，构建系统化的案例教学特色培养模式。教学案例的质量直接影响案例教学的实施效果，因此开展案例教学首先要遴选针对性和适用性较强的教学案例。授课教师不仅要能使用现成的优秀案例，还要根据教学体悟积极撰写案例，努力将案例编写、案例大赛、企业考察、案例培训等与案例教学结合起来，围绕理论与实践能力综合提升构建"选、编、赛"案例教学体系，实现"优选促教""以编促教""以赛促教"三位一体。

1. 优选促教

充分利用国内知名工商管理案例库，如中国管理案例共享中心案例库、清华大学中国工商管理案例库、中欧国际工商学院中国工商管理国际案例库等，选择适合不同课程教学目标的候选案例素材，由课程组教师集体讨论遴选确定最终进入课堂讨论的案例。通过教师使用现成的教学案例，在准确把握案例教学实质和基本要求的基础上，领悟教学案例开发的核心要求和标准，为本土案例样本企业开发奠定扎实基础。

2. 以编促教

本土企业有许多管理实践素材具有案例开发价值，而不少本土企业也非常愿意开展深度产学研合作，将自己的企业作为案例样本推向高校，让高校师生进行"解剖麻雀式"的分析和探讨，同时帮助自身对行业和企业发展形成深度认知。山西财经大学工商管理专业充分利用校友资源和平台资源，联络典型案例企业，与典型案例企业建立人才培养、社会服务等战略合作关系，有针对性地推荐给案例开发团队，协助做好相应的沟通、联络、对接等服务工作，促进案例开发顺利开展。

鼓励师生将案例编写与案例研究相结合，编写过程注重理论与实际相结合，开发和形成基于真实情境、符合案例教学要求、体现立德树人的高质量教学案例。案例开发加强了教师与学生的双向交流，引导学生独立思考、主动参与、团队合作，从案例类型、案例选题、资料收集、案例编写特点、案例编写原则、案例编写方法等多角度掌握案例编写的一般要求和规律。

目前山西财经大学教师采编的案例入选中国管理案例共享中心案例库20余篇，其中3篇入选"全国百篇管理案例"。山西财经大学工商管理专业致力于为资源型经济转型发展提供智力支持，与30余家山西优秀本土企业建立战略合作关系，并形成了产学研合作的典型样本。如山西财经大学与山西振东集团于2013年联合成立的山西振东管理研究院，经过近10年的发展，打造的"振东管理大讲堂"已经成为山西省颇具影响力的管理讲座品牌，以振东集团为样本的4篇教学案例入选中国管理案例共享中心案例库，成功举办了两期振东管理实验班，以振东集团为样本举办了校级管理案例大赛一次、"管理学"课程案例赛一次，出版了《优秀企业的逻辑》和《管理的逻辑》两本著作，对振东管理模式的研究成果被《企业管理》杂志连载多期，真正将产学研合作与学科建设、学生培养、企业服务和经济转型紧密结合，实现校企双赢，成为产学研合作成功案例。

3. 以赛促教

山西财经大学工商管理专业将课程案例赛成绩纳入"管理学"等核心课程考核内容，教师在课程设计时就将课程案例赛的任务穿插到课程内容讲授中，在教学过程中组织学生对案例企业进行实地调研或邀请企业高管进课堂，把握课程案例赛各个阶段的核心任务，对案例小组的阶段工作成果进行及时指导，从而保证课程案例赛的高质量进行。山西财经大学工商管理专业还主办校级管理案例大赛和营销策划大赛，目前已成功举办七届管理案例大赛和十三届营销策划大赛，大赛的目的在于提高大学生的学习、创新、实践和适应社会等能力，锻炼学生利用管理学、营销学专业知识分析问题、解决问题的能力，为今后更好地适应社会积累有益的经验。同时，历届赞助企业均为在山西省资源型经济转型发展中涌现出来的优秀本土企业，在与学校合作的过程中也极大地提升了企业自身的知名度和美誉度，学生、教师、企业高管在案例比赛中充分协同，实现了共同成长和相互启发，形成了良性互动循环，共同为推动山西省高质量发展提供智力支持。

（二）抓住案例教学关键环节

案例教学涉及案例选择、教学准备、教学实施、教学实践、教学考核与总结等关键环节。山西财经大学工商管理专业将教师按照课程组成教学团队，根据不同课程的教学目标，对案例教学的上述关键环节进行集体研讨，优化案例教学效果。

1. 案例选择

选择真正具有代表性、能说明问题、能引出知识要点并可以进行拓展的案例是案例教学成功与否的关键所在。在案例选择环节，所选案例具有相关性，与教学内容相关，能充分实现教学目标；所选案例具有可信度，有真实场景描述，贴近生活和工作实际，让师生有身临其境之感；所选案例具有代表性，紧密围绕所要传授的核心内容和基本理论，以达到师生共同探讨加深理解理论知识的目的；所选案例要具有启发性，激发师生去发现问题、分析问题和解决问题。

2. 教学准备

案例教学对周密性有较高的要求，教师的教学准备是实现教学效果的重要保障。在教学准备环节，教师在课前熟悉所使用的案例内容和相关背景知识，做好预研判和理论观点在案例中的布局，列出教师在学生讨论中拟给予的引导；教师充分评估案例讨论中可能会出现的各种情况，准备好解决问题的思路和步骤，以及对学生解决方案质量的衡量原则和标准；教师为及时、客观的点评做好准备，归纳和整理案例可能获得的知识和结论，回顾和分析学习和研究的思路和方法，使理论知识系统化、思维方式程序化，保证评价科学、及时和客观；教师要做好教学全过程的设计，注意做好时间资源的分配和控制，对可能出现的情况提出可行的应急预案。

3. 教学实施

教学实施是案例教学的核心内容。在教学实施环节，教师首先对学生进行合理分组，以小组为单位进行案例讨论，找出问题，分析原因并给出解决方法；小组讨论后形成可行方案并派出代表在课堂进行分享；教师发挥积极的引导作用，适时对阶段性结论进行总结和归纳，推动讨论的逐步深入；教师要注重过程把控，调动学生通过想象、实证、逻辑等方式内化知识体系，培养学生的科学态度、科研方法、探索兴趣、创新精神等。

4. 教学实践

案例教学所讨论的案例素材大多将纷繁复杂的现实进行了简化和抽

象，管理实践往往更复杂、更丰富、更生动。在教学实践环节，教师为学生尽可能安排企业实地调研、企业家进课堂、学生顶岗实习等教学实践环节，完成主动、深入、灵活掌握理论知识的过程，让师生真正具备解决实际问题的能力。

5. 教学考核与总结

教学考核与总结将案例教学形成反馈闭环。在教学考核与总结环节，教师要选择课程案例赛、情景模拟、辩论赛等多元考核方式，增强学生参与、互动和团队协作；全面梳理课程的知识脉络，阐明案例与知识点、案例与企业实践、案例与解决方案之间的关系；对课程结束时教师所获得的进步、案例选取的合适性程度评价、案例教学效果评估和改进等方面进行总结。

（三）提高案例教学质量控制水平

案例教学的优势要得到有效发挥，就要重视案例教学质量控制。山西财经大学工商管理专业对案例教学的原则、考核办法和教学能力融合等方面都做了系统有益的尝试，值得分享。

1. 案例教学体现责任管理和可持续发展原则

所选的案例样本首先要在责任管理和可持续发展方面具有战略性，这是提高案例教学质量控制水平的前提和基础。山西财经大学工商管理专业课程团队充分认识到新时代企业责任管理战略和可持续发展的底线思维，已经形成了广泛共识。在此基础上，制定案例选取的基本点和质量评估指标，从现实性、时效性和前瞻性等方面进行质量评估。

2. 规范案例教学考核办法

案例教学的组织规范，是案例教学质量控制的重要手段。山西财经大学工商管理专业加强案例教学考核的能力导向，如"管理学""组织理论与设计"等课程采取课程案例赛的方式作为考核的重要组成部分，对学生各方面的能力加以全方位考核，既重视学生的分析能力、判断决策能力、案例报告的写作能力、团队合作能力、创新能力等，采用小组间互评、小组内匿名互评等方式，使考核更加客观、真实、有效。

3. 保证教师教学能力融入案例教学

案例教学准备期、实施期和反馈期都对教师的教学认知能力、教学实施能力、教学反思能力有充分的体现，案例教学才能真正起到实效。山西财经大学工商管理专业以课程团队展开案例教学与教师能力发展的专题研讨，让案例选择、教学准备、教学实施、教学实践、教学考核与总结等案例教学关键环节都能系统发挥教师的教学认知能力、教学实施能力、教学反思能力，引导师生深度互动交流，深度跟踪样本企业，形成理论与实践互促机制，使工商管理专业的大学生把管理实践与理论结合的原则内化于心，外化于行，贯彻到人才培养的每个环节中，真正为山西资源型经济转型发展提供有力的卓越管理人才和智力支撑，为全方位推动山西高质量发展和社会进步贡献力量。

第五章
"1 + 3 + 6" 人才培养模式的 "学"
——学生如何学

授人以鱼不如授人以渔。学生是学习的主体，工商管理专业要培养未来的企业家和职业经理人，在确定了专业培养目标，制定了培养方案之后，还需要依据学生的学习状态，结合学科特色，传授给学生正确的学习方法，引导学生提升自身的学习能力，最大限度地发挥学生的主观能动性，如此才能促使学生充分利用大学四年的宝贵时光，高效率地掌握所学的知识，养成应有的素质和能力，胜任未来工作的需要，达到事半功倍的效果。在撰写本章时，针对在校工商管理类大学生进行了大范围的调研，旨在明晰学生的学习现状，发现学生在学习过程中存在的问题，找到影响学生学习的主要因素，进而围绕如何激发学生的学习兴趣和潜能，加强过程管理，提出了指导工商管理专业大学生提升学习效果的方法与策略。

一、工商管理类大学生学习现状调查

为了了解学生的学习状态，课题组通过问卷星，向在校的工商管理类大学生发放并回收有效问卷 548 份。问卷包含了人口统计特征、学生的学习动机、学习习惯、学习态度、学习方法、时间管理、影响学习效果的因素、学习成绩等内容共 32 个题项。

从回收问卷的情况看，提交问卷的学生中，男生 135 人，占 24.63%，女生 413 人，占 75.37%；211 院校 5 人，占 0.91%，985 院校 7 人，占 1.28%，其余 536 人均为普通本科院校，占 97.81%。其中，大一学生 215 人，占 50.18%，大二学生 211 人，占 38.5%，大三学生 53 人，占

9.67%，大四学生 9 人，占 1.64%。担任班干部的学生 123 人，占 22.45%，担任院级学生干部的学生 135 人，占 24.64%，担任校级学生干部的 51 人，占 9.31%，担任社团负责人的学生 52 人，占 9.49%，没有担任任何社会职务的学生 272 人，占 49.64%；59.12% 的学生家在农村，40.88% 的学生家在城市。

学生的平均成绩如图 5-1 所示，90 分以上占到 3.5%，85~90 分占 19.3%，80~85 分占 22.8%，75~80 分占 24.6%，70~75 分占 13.9%，65~70 分占 9.5%，60~65 分占 4.9%，60 分以下占 1.5%。

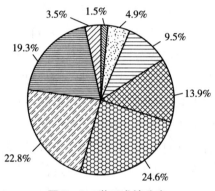

图 5-1 学习成绩分布

以上信息表明，调查对象与我校工商管理类专业学生特点较为相近，女生人数较多，各个年级、学生干部与普通学生、学生的户口所在地以及学生成绩分布较为均衡，具有代表性和典型性。

（一）学生的学习动机

如图 5-2 所示，学生主要学习动机的占比由小到大排序为：回报老师的期望（0.4%），报效国家（3.1%），取得好成绩（3.3%），回报父母（6%），获得文凭（7.1%），全面提高自身素质、为实现人生理想做准备（33%），学习知识技能、找一份好工作（47.1%）。表明当代的工商管理类大学生自我意识很强，认为学习就是为了自己，而非为了回报老师、国家甚至父母。

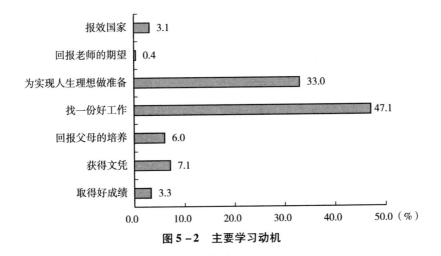

图 5-2 主要学习动机

（二）学生的学习习惯

1. 课前是否有预习的习惯

学生对课前预习的习惯回答如图 5-3 所示，4.9% 的学生会预习所有内容，16.1% 的学生预习重点内容，12.4% 的学生预习自己感兴趣的内容，43.2% 的学生按自己是否有时间确定是否预习，23.4% 的学生不预习。

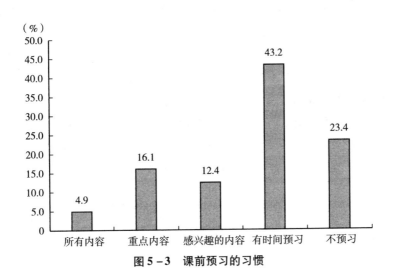

图 5-3 课前预习的习惯

2. 上课是否有记笔记的习惯

学生对上课记笔记的习惯回答如图 5 - 4 所示。10.2% 的学生会记录老师的所有笔记，69% 的学生记录重点笔记，8.4% 的学生记录自己不会的笔记，8% 的学生记录自己感兴趣的笔记，4.4% 的学生不记录笔记。

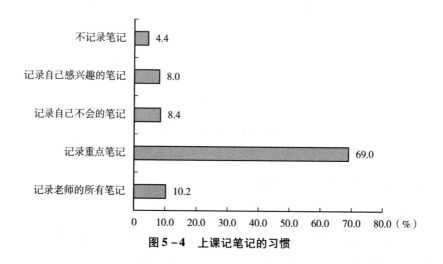

图 5 - 4　上课记笔记的习惯

3. 课后复习的习惯

学生对课后复习的习惯回答如图 5 - 5 所示。14.6% 的学生复习所有内容，37.6% 学生复习重点内容，19.3% 的学生复习自己不会的内容，3.1% 的学生复习自己感兴趣的内容，17.9% 的学生按自己是否有时间来确定自己是否复习，7.5% 的学生不复习。

4. 专业知识的获取途径

学生获取专业知识的途径如图 5 - 6 所示。83.6% 的学生从教材上获取专业知识，76.6% 的学生从课堂学习上获取专业知识，39.1% 的学生从图书馆处获取专业知识，24.5% 的学生从期刊、杂志上获取专业知识，25% 的学生从学术讲座或会议上获取专业知识，72.3% 的学生从网络上（客户端 + 移动端）获取专业知识。表明教材、课堂和网络是学生获得专业知识的主渠道，学生对图书馆的专业书籍、学术期刊阅读较少，学校举办的相关讲座影响力较小。

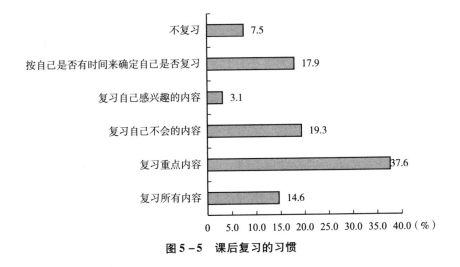

图 5 - 5　课后复习的习惯

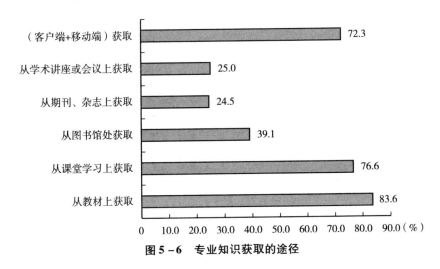

图 5 - 6　专业知识获取的途径

(三) 学生的学习态度

1. 对于考试的态度

对于"大学里平常完全可以不努力学习,只要考前好好复习就能通过考试"这一观点的看法,学生的回答如图 5 - 7 所示,78.1% 的学生不赞同,其中 52% 的学生认为"平时有扎实的基础才会取得好成绩",26.1%

的学生认为"学习不只为了考试";21.9%的学生赞同这一观点，其中18.4%的学生认为"考前突击一样高分"，3.5%的学生认为"反正课也不重要，及格就行"。表明大多数学生对学习规律本质的认识较为清晰，但仍然有20%的学生限于应付。考试起不到应有的检验所学知识掌握程度的作用，因此需要灵活的考试方式，使考试真正成为度量学生知识掌握程度的工具，促使学生养成思考的习惯。

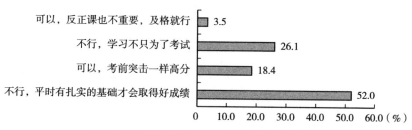

图5-7　获得好成绩平时是否需要认真学习

2. 对于考证的态度

对于"外语四、六级考试以及计算机等级考试"，学生的观点如图5-8所示。47.8%的学生认为通过外语四、六级考试以及计算机等级考试是为了学到更多的知识，27.9%认为通过外语四、六级考试以及计算机等级考试是为了找份好工作，15.5%认为通过外语四、六级考试以及计算机等级考试是为了获得学位证，8.8%的学生没有给出明确的答案。

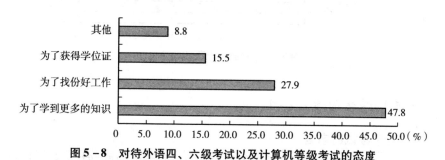

图5-8　对待外语四、六级考试以及计算机等级考试的态度

3. 学习状态

所调查学生的学习状态如图5-9所示。24.6%的学生能够积极主动

地学习，60.6%的学生能完成学业但学习比较被动，11.3%的学生对学业采取应付态度，3.5%的学生不能完成学业、学习放任自流。

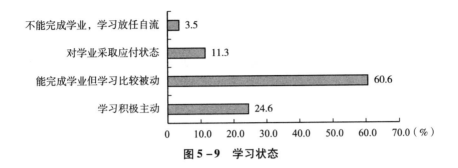

图 5－9 学习状态

4. 对考试成绩的期望

学生对考试成绩的期望如图 5－10 所示。44.5%的学生表示一定要达到优秀，41.8%的学生认为中游水平就可以，11.7%的学生觉得及格就行，2%的学生觉得成绩如何无所谓。表明一半以上的学生满足于中等水平的成绩，并没有争先创优的期望与努力。

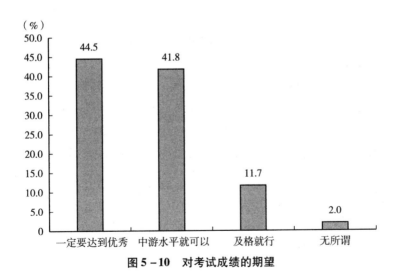

图 5－10 对考试成绩的期望

（四）学生的时间管理

1. 课余自学时间

学生每天课余自学时间如图 5－11 所示。8.8% 的学生课余自学 4 小时以上，27% 的学生课余自学 2～3 小时，41.6% 的学生课余自学 1～2 小时，22.6% 的学生课余自学在 1 小时以内。表明 60% 以上的学生每天课余自学时间不足两小时，主动学习不够。

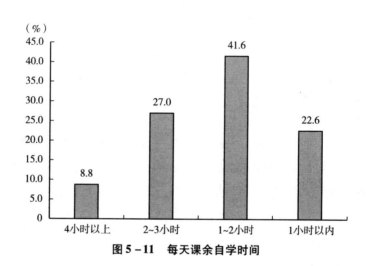

图 5－11　每天课余自学时间

2. 课余时间的分配利用

学生绝大部分课余时间分配利用情况如图 5－12 所示。65% 的学生选择去自习或去图书馆，36.9% 的学生去逛街或闲聊，34.9% 的学生上网玩游戏，47.3% 的学生选择睡觉，68.2% 的学生选择看电影、小说或听音乐，22.4% 的学生选择做体育运动，15% 的学生选择了谈恋爱，37.6% 的学生选择了参加学校社团活动，20.6% 的学生选择了打工或兼职，13% 的学生选择了其他。由此可见，学生的课余活动较为丰富，但是选择自习的学生仅有 65%，表明起码有 35% 的学生不会去自学，再次印证了学生自学时间太少。上网游戏，看电影、小说和听音乐，逛街闲聊、睡觉占据了很多的课余时间。

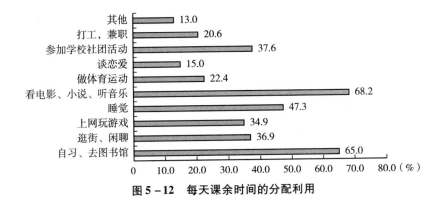

图 5-12 每天课余时间的分配利用

3. 晚上睡得很晚的原因

问及学生晚上睡的很晚的原因,学生回答如图 5-13 所示。43.8% 的学生选择了宿舍"卧谈会",87% 的学生选择了玩电脑或看手机,16.1% 的学生选择了拓展课外知识、求知欲旺盛,9.5% 的学生认为是考研或就业压力大,不努力不行,20.3% 的学生认为是课业繁重,作业太多。表明大多数学生睡得晚并非因为学业繁重,而是玩电脑或看手机、闲聊占据了大部分的时间。

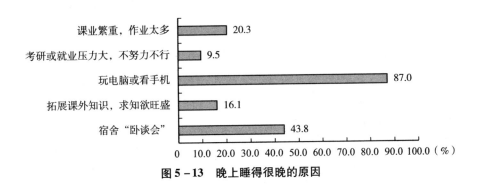

图 5-13 晚上睡得很晚的原因

(五)学习的影响因素

1. 学习成绩不理想的原因

学习成绩不理想的原因如图 5-10 所示。依据所占比例大小排序,依次为有计划、但毅力不够（71.5%），学习方法不对（53.5%），主观上没想好好学，能及格就行（46.5%），沉迷于网络（44.3%）。表明学生的自控力较差。

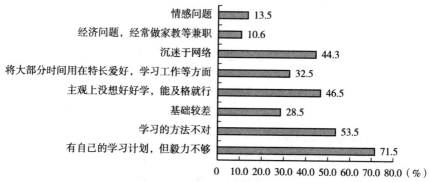

图 5 - 14　学习成绩不理想的原因

2. 影响学习效果的主要因素

影响学习效果的主要因素如图 5 - 15 所示。66.6% 的学生选择了个人兴趣，63.1% 的学生选择了刻苦程度，53.6% 的学生选择了学习氛围，47.1% 的学生选择了心理情绪，39.4% 的学生选择了学习基础，35.6% 的学生选择了教师水平，23.2% 的学生选择了教学条件，18.6% 的学生选择了实际应用，13% 的学生选择了智力因素，8.4% 的学生选择了其他。可见，学习兴趣、学习的刻苦程度是影响学习效果的两个主要因素，学习氛围排列第三。

3. 影响专业学习兴趣的因素

影响专业学习兴趣的主要因素如图 5 - 16 所示。60.2% 的学生选择了教师授课方式，58.4% 学生选择了教师教学内容，52.9% 的学生选择了专业培养目标，53.3% 的学生选择了专业课程设置。这一组数据表明，学生是否对专业产生兴趣，教师和教学组织起着至关重要的作用。

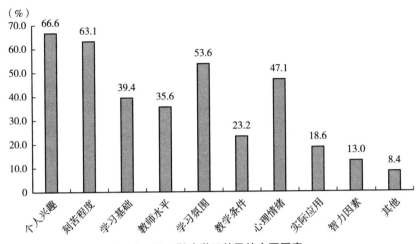

图 5-15 影响学习效果的主要因素

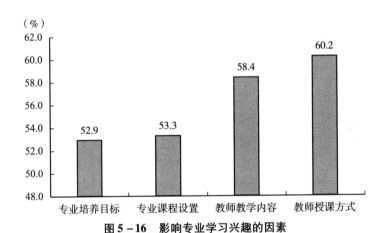

图 5-16 影响专业学习兴趣的因素

4. 学校学习风气好或差的主要原因

如第2部分所述,学习氛围是影响学生学习效果的第三大因素。关于学校风气好坏的原因,学生给出的答案如图5-17所示。42.3%的学生认为学习风气好坏最主要的原因还在于学生自身,29.4%认为校园文化氛围影响了学习的风气,14.2%的学生认为学校管理上的问题影响着学习的风气,9.9%的学生认为社会大环境对学习风气有影响,4.2%的学生认为教师的教风影响了学习风气。

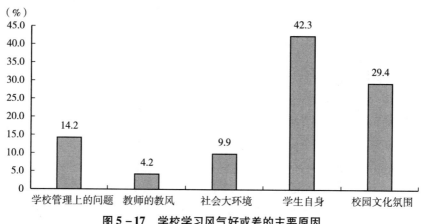

图 5－17　学校学习风气好或差的主要原因

（六）学生的学习方法

1. 学习计划

俗话说："凡事预则立，不预则废。"关于在学习过程中是否有自己的学习计划，学生的回答如图 5－18 所示。50.2% 的学生偶尔会有学习计划，比如考试前，28.3% 的学生表示有明确的短期学习计划，10.6% 学生表示有明晰的长、短期学习计划，而 10.9% 的学生没有学习计划。

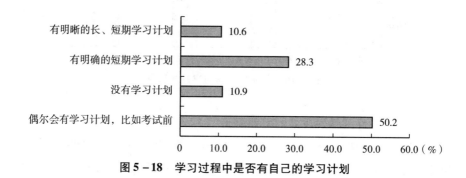

图 5－18　学习过程中是否有自己的学习计划

2. 较好的学习方法

学生认为比较好的学习方法如图 5－19 所示。78.1% 的学生认为上课认真听讲，下课及时做相应习题；62.6% 的学生认为要培养自己的学习兴趣,带着兴趣学习;53.1%的学生认为应该几个人相互督促,结伴上自习;50.4%的学生认为要多与老师和同学交流学习内容,49.5%的学生认为应学以致用,把所学内容与实践相结合。

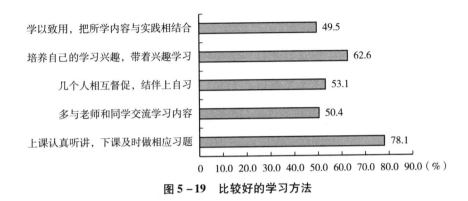

图 5-19 比较好的学习方法

3. 为提高专业素养所采取的措施

为了提高专业素养,学生们采取的措施如图 5-20 所示。80.1%的学生认真学习专业课程,44.9%的学生参加专业社会实践活动,39.1%的学生查看专业文献,37.4%的学生听专业讲座,22.5%的学生到专业领域兼职。

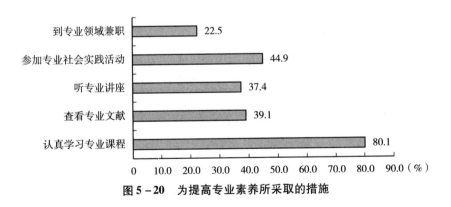

图 5-20 为提高专业素养所采取的措施

4. 有助于自己未来发展的知识

关于哪些知识有助于未来的发展,学生们观点不一(见图 5-21)。

70.3%的学生选择了深厚的专业基础知识，69.9%的学生选择了广博的通用知识，68.8%的学生选择了扎实的专业知识，67.9%的学生选择了过硬的心理素质，60%的学生选择了创新能力，59.7%的学生选择了坚毅果敢的决策能力，59.1%的学生选择了组织协调能力，56.2%的学生选择了强烈的社会责任感以及诚实守信的道德修养，53.1%的学生选择了正直求实的行事风格。

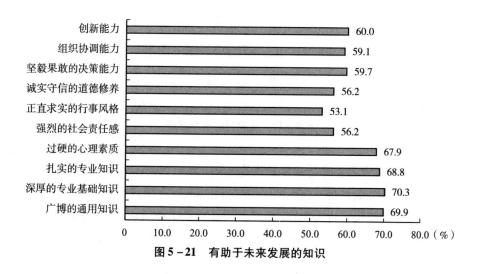

图 5 – 21　有助于未来发展的知识

5. 有助于自己未来发展的能力

关于哪些知识有助于未来的发展，学生们观点也各不相同（见图 5 – 22）。69.7%的学生选择了与人交往能力，67.9%的学生选择了语言表达能力，67.7%的学生选择了创新能力，64.2%的学生选择了决策能力，56%学生选择了实践能力，55.1%的学生选择了时间管理能力，50.5%的学生选择了认知能力，45.4%学生选择了环境适应能力，42.7%的学生选择了协调能力，37%的学生选择了政治能力（指与政府机构的合作、为政府决策建言献策、掌握政治动态与评估政策风险的能力）。

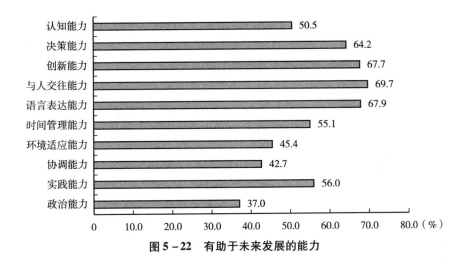

图 5 - 22　有助于未来发展的能力

6. 有效提高自己的语言表达能力的活动

对于如何有效提高自己的语言表达能力，学生们的观点如图 5 - 23 所示。35.9%的学生选择了社会实践活动，16.1%的学生选择了辩论比赛，15%的学生选择了上课表达，13%的学生选择了演讲比赛，11.7%的学生选择了社团活动，8.4%的学生选择了小组讨论。

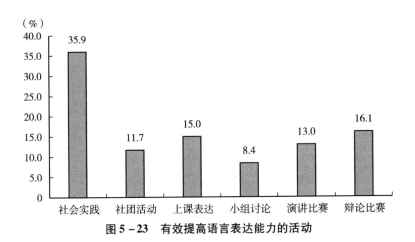

图 5 - 23　有效提高语言表达能力的活动

（七）学生的学习困惑

1. 大学学习期间面临的主要困惑

大学学习期间，学生们面临着很多困惑（见图 5 - 24），36.1% 的学生不知道将来要做什么，19.5% 的学生不知道所学知识有何用途，18.2% 的学生不知道怎样把所学知识应用于实践，15.5% 的学生不知道如何才能提高自己的能力，10.6% 的学生不知道哪种学习方式适合自己。

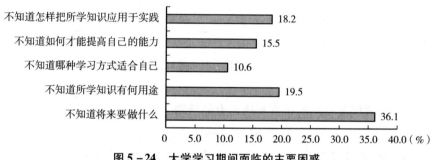

图 5 - 24 大学学习期间面临的主要困惑

2. 本科毕业后的打算

学生们本科毕业后的打算如图 5 - 25 所示。59.3% 的学生打算考研，16.8% 的学生打算进入企事业单位就业，7.3% 的学生还没想过，6.8% 的学生要考公务员，4.7% 的学生准备出国留学，5.1% 的学生选择了其他。

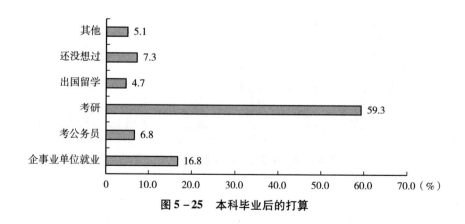

图 5 - 25 本科毕业后的打算

二、工商管理类大学生学习现状评价

依据调查结果，总体上发现作为数据网络时代的原住民和高考指挥棒下成长起来的新一代，大学生们博闻强记、见多识广，工商管理类大学生自主意识较强，80%的大学生认为大学期间的学习是为了自己未来更好地发展，也清楚地知晓未来的发展需要深厚的专业基础知识、广博的通用知识、扎实的专业知识、过硬的心理素质、创新能力、坚毅果敢的决策能力、组织协调能力和强烈的社会责任感，以及诚实守信的道德修养和正直求实的行事风格；需要具备语言表达能力、实践能力、时间管理能力、认知能力、环境适应能力、协调能力和政治能力；学好专业知识应该认真学习专业课程，参加专业社会实践活动，查看专业文献，听专业讲座，到专业领域兼职；良好的学习习惯与学习方法，应该做到课前预习、课中积极参与、课后及时复习的全过程管理，同时培养自己的学习兴趣、带着兴趣学习，几个人相互督促、结伴上自习，多与老师同学交流学习内容，学以致用、把所学内容与实践相结合等。总体上表现为，对应该做什么有清晰的认识，但在实际行为层面存在不同程度的问题。

(一) 学习目标缺失，学习动机匮乏

一些学生学习动机不强，目标不明晰，约40%的学生不知道将来要做什么，75%以上的学生被动应付学习，一半以上的学生满足于学业居于中等水平，学习浮于表面，对学科之间的联系，知识系统性把握不足。60%的学生随大流，加入考研大军，犹如在浓雾中穿行的旅人，没有明确的方向，不能对自己进行很好的定位和分析，迷茫而懵懂，对未来充满无感与困惑。

(二) 学习缺乏计划性，自控能力弱

明知故犯是大学生难以克服的通病，工商管理类学生也不例外。学生明白学习成绩不好主要在于自己毅力差、学习方法不对或主观上没有好好学习，努力程度不够，然而很多学生缺乏良好的自律能力和时间管理能

力，他们学习状态不够积极主动，既没有长远的规划也没有短期的计划。大多数学生的课余生活缤纷多彩，上网游戏娱乐占据了大量的时间，60%以上的学生每天自主学习时间不足两小时，每晚的闲聊、玩电脑或看手机侵占了应有的睡眠。

（三）学习内容零散，学习策略不足

20%的学生不知道自己所学的知识有什么用，学生不知道哪种学习方式适合自己。大学学习过程中要完成什么，学到怎样的程度，学科之间具有什么样的关联性，采用什么样的学习策略，如何获取和安排学习知识，如何进行自我调整，毕业以后的发展方向对大部分学生来说是不知道或不明确。考研是大多数学生在大学的目标，因此大部分学生仅限于课堂学习，不求甚解，课余时间花费大量的时间来主攻考研科目；不考研的学生则浪费了大量时间在游戏等活动上，或做一些对自己未来发展用处不大的兼职。

（四）学生知行分离，实践能力薄弱

知易行难是大学生难以跨越的障碍。虽然学生道理上讲起来头头是道。但现实中对于专业知识的获取，学生们过度依赖于教材、课堂、网络和手机，而很少去图书馆看经典、读文献，很少参加学术会议、听学术报告，很少参加社会实践。相当一部分学生急功近利，认为英语的学习、计算机的考证就是为了找到一份好工作。课前预习、课后复习、暑期实践等很少参与。

因此，很多学生困惑：大学如何设立清晰明确的目标，如何进行时间管理，提高自我约束，增强主动性、治疗各种拖延症？应该学什么，哪种学习方式更适合自己，怎样取得令人满意的效果？如何提高自己的各类能力，适应社会的需要？怎样把所学知识应用于实践，解决眼高手低的问题？

三、提升工商管理类大学生学习效果的方法与策略

工商管理专业以培养企业家与职业经理人为使命，为了践行这一使

命，解决学生们的学习问题，山西财经大学工商管理专业秉持新商科教育理念，按照教育部印发的《关于加快建设高水平本科教育全面提高人才培养能力的意见》的40条要求，坚持"以创业创新教育统领本科人才培养，真正把创业创新教育贯穿于人才培养的各个环节"培养工商管理人才，取得一定成效。概括总结山西财经大学工商管理专业提升学生学习能力的有效措施，结合对企业家的访谈及以上工商管理类学生学习现状的调查，本章从正确的学习理念、完善的学习计划、系统的知识和能力体系的构建、卓越高效的行动力四个方面阐明指导工商管理专业学生提升学习效果的方法和建议。

（一）树立正确的学习理念

高效、正确的学习理念是学生学习效果提升的起点。工商管理专业为了促进学生的全面发展，建立了"GongShang之家"公众号，弘工商正气，迎阳光成长，通过定期举行各种活动，帮助学生树立正确的学习观，并以其为学习准则，指导大学四年的学习。

1. 树立全面学习的理念

现代企业家和职业经理人是拥有强烈的社会责任感和使命感、良好的科学文化素养和开阔的国际视野，掌握工商管理理论及管理技能，具备在工商管理理论研究与社会实践中独立获取知识、提出问题、分析问题和解决问题的能力及开拓创新精神，能够在企事业单位、行政部门等机构从事管理工作的适应新时代中国特色社会主义建设要求的德、智、体、美、劳全面发展的人才。这就要求工商管理专业大学生必须进行全面学习，具备综合素养和全面发展的能力。换言之，工商管理专业的学生不能仅把学习理解为基础知识、专业知识和技能的学习，还应该重视品德、态度和能力的养成，不仅要会学习，同时还要会做人，能够做事。因此，工商管理专业学生在每年的新生导论第一课中需明确大学生的学习期望和大学学习期间的具体要求。在此基础上，学生积极参与学院为弘扬爱国精神，凝聚青春力量，深入贯彻落实习近平新时代中国特色社会主义思想，激励青年一代为实现中国梦不断奋发向上所开展的一系列活动，如每周参加"青年大学习"主题知识竞赛，主动积极参加学雷锋系列活动、舞蹈大赛、十佳歌手、暑期三下乡活动，萤火虫志愿者服务活动等各项活动，通过积极参与这些活动，在丰富自身学生文化生活的同时，还激发了学生自身的学习兴趣、爱国、爱党的情怀；学生在课堂教学中对课程思政教育融入的深刻体会、对中国社会发展热点问题的深入讨论、与企业家面对面的交流等，使得学生认识到全面学习的重要性和必要性，促进自身树立全面学习的理念。

2. 树立动态学习的理念

学习不仅指知识的输出与输入，还包括反馈与调节。听老师讲解、阅读文献资料、与他人交流以及联系实际的研究，都是知识的输入，而运用输入进来的知识做练习、作业以及解决生活中的问题则是知识的输出。此外，还要对学习过程进行反思、评价、监控，这种反馈调节机制，有助于不断改进和提高输入和输出的质量，克服学习中的各种偏差，不断趋近学习目标、优化学习效果。学生可通过学院或者自身设置的一系列的学习指标，来监督自身的动态学习过程，比如知识竞赛完成率、定期或不定期的学习效果抽查；还通过线上课程的各种测验，了解自身对知识的掌握程度以及各种竞赛的参与，明确自身对知识的理解力和知识的应用能力，检验自身学习过程以及学习效果，促进动态学习，及时反馈。

3. 树立参与学习的理念

学习的过程，除了需要身体器官参与外，还需要调动注意力、观察力、记忆力、思维力和想象力等智力因素，以及兴趣、动机、情感、意志和性格等非智力因素的积极投入，是智力因素和非智力因素的综合作用。因此学习时，注意多种因素的综合效应，才有可能提高学习的成效。工商管理专业实践性很强，学生在大学四年学习过程中，可积极参加学院两年一次的管理案例大赛、营销策划大赛、物流仿真大赛、人力资源管理技能大赛等，以及省级、国家级的大赛以及导师们的课题研究，把学到的理论知识应用到实践中；学生还可以积极申请省级、国家级创新创业项目，运用所学知识来发现、分析和解决现实问题，促进学生的学习活动与社会实践紧密相连，培养学生善于观察、勇于思考的能力。

4. 树立创新学习的理念

创新能力是对未来企业家和职业经理人的基本要求。创新需要前瞻力、亲和力、决断力与意志力。其中，前瞻力与智商相关，亲和力与情商相关，决断力与胆商相关，意志力与韧商有关。为了养成"四力"，工商管理专业的学生在继承学习的基础上要树立创新性学习的理念。创新性学习指个体通过学习，能够提高发现、吸收和创新学习内容的能力，有助于在行动上与新情况协调一致。创新性学习要求学生在吸取知识时像前人创造知识时那样思考，在学习过程中培养创造意识和创造性思维，逐步学会和运用创造性技法，力求在观点、见解和运用知识的方法上有所创新。学生在学习的过程中，以求真务实为基础，善于组合、加工消化已有知识，强化问题学习意识，保持对知识或事物的好奇心和质疑精神，而且要力求有所创造，勇敢追求真理，能够从个别看到普遍，从现象看到本质，从偶然发现必然；学会逆向思维和发散思维，从循规蹈矩的桎梏中走出来。学生从创新中点亮青春，以创业成就未来，参与创新创业活动的过程中来提高创新意识，激发创新创业热情，理解并学会创新学习。

5. 树立自主学习的理念

人是具有自我意识、能够选择和控制自身行为的主体，是自己生活的主人。学习质量的高低、学习效果的好坏最终取决于学习者自身。因此，学习者必须对自己的学习负责。学习过程中，学习者应积极发挥主观能动性，充分利用内外部条件，自觉主动地克服学习中的各种困难和障碍，尤其要克服各种厌学情绪，强化学习动力，主动思考，学以致用，不断实现自我超越。因此，大学的课堂应该是以学生为主体，学生对教师所讲授的内容加以选择、加工和应用的过程，学生要努力成为学习的掌控者。学生可加强学生生涯与职业生涯规划，在学院"学生生涯规划——认识自我提升学习力"等活动中，了解自身，明确学习目标和努力方向，树立自主学习的意识，为未来职业生涯早做准备。

（二）制定切合实际的学习目标和计划

明确的学习目标和完善的学习计划是学生学习效果提升的基石。古人云："凡事预则立，不预则废。"工商管理专业大学生需要依据学习目标制定相互联结和支持的长期计划、中期计划和短期计划，做到既有远大目标指引，也有中期目标布局，短期目标落实。学院的学工部通过举办各种乐学交流会有针对性地帮助各类学生建立自己的学习计划。针对大一学生，开展高年级优秀学生面对面交流活动，让新生了解大学学习的特点，掌握大学学习的方法，明确未来的规划，帮助新生明确学习目标和前进方向；对于即将准备考研的学生，开展"以梦为马，不负韶华"活动，让学生们与榜样对话，通过与考研成绩优秀的学长学姐们互动交流，获得备考知识与经验，帮助学生做好考前冲刺和时间安排，让学生既有远期目标的规划和指引，又有短期目标的落实；对于毕业即就业的学生，邀请优秀毕业生和企业家进课堂办讲座，让学生了解职业的成功需要具备哪些知识和能力，围绕如何获取这些知识和养成这些能力制定自己的学习和行动计划。

1. 人生规划

大学是学生即将步入社会的黄金时段，因而有必要对未来、对人生做出长远的规划和打算。人生规划是指长时间乃至人一生的计划，包括树立积极的人生观、世界观与价值观，以及对未来职业、家庭生活等方面的总体规划。大学生只有结合自己的兴趣和特点规划未来人生，确立长远目标，才能聚焦目标，明确方向，持续前行。

2. 阶段计划

阶段计划指对一定时间阶段学习的大体安排。许多学生把大量的课余时间浪费在上网、聊天和娱乐上，挥洒了大把的宝贵光阴，其主要原因在于未对这一时间段作出具体的安排。按照培养方案，大一的课程主要是各类基础课，学生要在学好基础课的同时，安排时间准备计算机等级和英语等级的考试，同时要博览群书，找到自己的兴趣点，通过积极参加感兴趣的社团活动，锻炼与人沟通交往的能力；大二的课程是专业基础课，学生首先要对专业领域概貌有一个大致的认识，对管理学相关基础理论框架及其发展脉络有较为深入的了解，要阅读经典书籍，逐渐培养对专业的兴趣，确定今后研究和发展的方向；大三的课程是专业课，学生除了在课堂上获取专业知识外，还应通过去图书馆查找资料、利用网络了解与专业相关的时事信息、积极参加讲座论坛等，增加自身的专业知识储备；同时要积极参加社会实践、创新创业大赛等活动，培养自己应用所学理论知识发现问题、分析问题和解决问题的能力，锻炼自己的沟通能力和人际交往能力，为自己的未来发展奠定良好的基础；大四的学生则应该积极参与毕业实习，在管理实践中检验所学理论，发现并思考自身不足，迅速补齐短板。此外，还应利用多种渠道了解就业信息或升学信息，为即将走向职场或进一步深造学习做好准备。

3. 短期计划

短期计划是指周计划或月计划。短期计划需要具体地落实时间安排，精细计划学习内容和学习目标，强调可操作性。在短期计划中，大学生应该明晰自己在本周或本月内要做的具体事情，尽量把每项任务规划落实到具体的时间段内，可以利用计划簿记录完成情况，争取做到每日总结任务的完成情况，每周总结，分析未按时完成的原因，并根据之前计划的完成情况进行相应的调整和修正，此外，还应该留出一定的灵活支配时间以应对突发状况，保证之后计划的安排合理性和任务的高效完成。

4. 即时计划

即时计划需要根据实际情况来制定，如当日的课程多少，作业多少以及事情的紧迫程度等情况。普希金说过："要完全控制一天的时间，因为脑力劳动是离不开秩序的。"今日事，今日毕，时间就像海绵一样，越挤就越有时间，越任意放纵就越短缺时间。因此，大学生要充实自己每一天的学习生活，合理安排作息，有效实施计划，从即日做起，从眼下做起，朝着自己的目标不断前进。

（三）构建系统的知识和能力体系

1. 提升素养，注重品学兼修

（1）悉自我，锻品质。互联网时代日新月异的变化，要求企业家必须具有良好的心理品质和过硬的心理素质。大学生社会经验少，阅历浅，常常难以对自身清晰定位，存在着眼高手低和遇挫后颓废萎靡并存的问题。因此需要通过各种方式提高学生的情商、胆商和韧商，打造学生沟通包容的亲和力、勇于舍得的决断力和坚韧不拔的意志力。工商管理专业采用以下几种方法培养学生的良好心理品质：一是加强主题学习，掌握马克思主义、毛泽东思想、邓小平理论、"三个代表"重要思想、科学发展观、习近平新时代中国特色社会主义思想，坚持社会主义方向，树立正确的世界观、人生观和价值观，对自我形成正确的认识与评价；二是开展"唱正气歌、诵正气文、做正气人"的课前"唱诵做"活动，诵读文章经过精心挑选，达到内化于心、外化于行的实际意义，以此创建良好的专业与富有合作精神的团队氛围，增强学生的社会责任感；三是以班级为单位组织开展团建、体育比赛活动，提高学生的心理承受能力，养成面对挫折时的积极乐观心态。

（2）兼内外，强素养。道德是社会矛盾的调节器，一定程度上可以使人与人之间、人与社会之间的关系臻于完善和谐。大学生道德修养的提升主要体现为思想层面内外两方面的自我修炼。外在修养体现在与人相处时心存善意，多做善事，言行妥当，尊重他人的劳动成果，不要因为一己私欲损害他人利益。内在修养是对自身而言，时常进行自我反思，自我批评，自我修正，从身边小事做起，主动承担工作，成就高尚人格。工商管理党支部开展了"不忘初心，牢记使命"主题教育活动，不定期举办各种"善行100"活动，志愿者服务大队将爱心奉献到底活动，让每位学生参与其中，养成用心完成每一件事，用坚持托起一片希望的行动习惯。

2. 夯实专业基础，丰富知识体系

（1）抓课堂，提效率。课堂是学生获取通用知识和基础知识的主要途径，课堂效率的提升取决于学生的课堂参与度。大学生已经成年，具备了最基本的学习能力，大学课堂的参与度不仅有赖于学生对教材以及教师所讲授知识的理解，还取决于学生自身对知识的拓展和应用。因此，大学课堂的主体是学生，教师只是课堂教学的组织者。首先，在学习过程中，大学生不仅要配合教师的讲授，还要做好课前预习、课堂参与和课后复习的配合，明确讲授内容的难点和重点，积极与教师进行有效沟通，建立完整的知识体系脉络和逻辑，做到自主学习和独立思考相结合，提高学习质量和效率。其次，基于课堂所学知识，积极参与课堂讨论，配合教师案例教学活动，通过阅读案例材料，搜集案例相关信息，积极思索，形成关于案例问题的原因分析和解决方案，并在课堂讨论过程中发表对于案例的理解，接受其他同学的问讯并做出解释，讨论完成后学生以书面的形式做出总结。案例学习和分析的过程中加深对知识的理解，充分消化所学内容，对问题有更深刻的认识。最后，管理学具有科学性和艺术性的双重特征，工商管理专业的学生在学习中还应把握这一特征，做到具体问题具体分析，统筹兼顾和灵活应用。

（2）读经典，明理论。人类社会不断发展，知识更新提速，经典理论经过岁月的洗礼熠熠生辉，照亮我们前行的道路。因此，把握工商管理的精髓必须学习领会本学科的经典之作，从经典理论中汲取营养。现代管理理论起源于西方，工商管理经典著作多为英文写就，一些译作语句拗口，晦涩难懂，而直接读原著又需要较好的英文基础。第一，建议学生首先根据自身的情况在专业教师的指导下循序渐进并加以选择，从较为容易理解的、能看懂的著作读起，阶梯式递进阅读，如果可能，尽量读英文原著。第二，在读经典著作的过程中，需要了解该著作产生的历史背景，探讨理论产生的根本原因，分析理论要解决的问题和途径以及该理论在当前社会起到的作用、取得的效果，从而对每个理论的来龙去脉心中有数。第三，读经典著作还需要关注著作之间的关联性，明晰理论间的相互关系，勾画出理论系统的思维导图，如此将大大提高经典书目的阅读效率，达到事半功倍的效果。第四，我国传统文化和新中国建设历程中也有很多管理的精髓需要认真地总结与发扬光大，因此，要立足于中国大地，思考中国现象，解决中国问题。第五，读著名企业家、科学家、领导人撰记，从他们的成长、成才经历中砥砺自己品质、毅力，学会创业、创新管理。

3. 修炼能力，从容应对环境

（1）提认知，适环境。认知能力是指人脑加工、储存和提取信息的能力，企业家认知能力指企业家在复杂环境下洞察商业机会，对庞杂的信息进行加工、储存和提取信息的能力。未来企业家认知能力的培养，首先，需学生有辩证唯物主义的世界观、人生观、价值观，掌握方法论，学会透过现象看本质，养成识别分析、判断解决问题的思路；其次，需学生多注意了解现实中企业所面对的机会和威胁，识别环境中的有利因素和不利因素，能用所学知识创新性地为企业提供一些应对策略；最后，通过一系列有针对性的自我训练，提升自我认知能力，做到知行合一。

（2）晓热点，辨是非。政治能力是企业家在复杂环境中引领企业发展的指南，主要表现为关心国家大事，熟知党的方针政策，了解社会热点问题，以较强的政治敏感性和政治参与意识，分辨是非，抓住机遇和规避风险的能力。大学生政治能力的培养首先是依赖于学生的自我建构，包括在思想政治课程学习中，深入理解党中央的执政理念、国家发展战略和方针政策，通过新闻媒体了解国内外政治事件，关注并思考国际与国内形势，了解政治环境中与企业发展密切相关的信息，分析政治环境中存在的机会与风险；其次，积极主动参与社团等校务管理工作，在自我管理的过程中培养自身的政治能力，积极参加学校组织的各类管理案例大赛、市场营销大赛，培养竞争意识与合作意识；最后，进行创业尝试，在创业过程中，掌握与各利益群体打交道的本领，提高自身的政治参与能力。

（3）明问题，善决策。大学生决策能力的培养，可以从课堂教学与社会实践两方面着手。第一，通过课堂理论知识的学习，掌握必要的专业基础知识，建立自己的专业基础知识库，具有科学的判断问题、分析问题和解决问题的思路和方法，找到实际状态与应有状态之间的差距，从光怪陆离的现象中发现并找到问题的本质，明确所要解决的问题。第二，掌握处理信息的方法和能力，知道如何收集信息、判断信息、分析信息；学会阅读文献，了解问题所在领域的研究现状，总结前人的研究，提出目前存在的问题或研究的不足，进而提出可能的决策方案并进行结果评估，找出最优方案。第三，决策过程中要具备良好的心理素质，能够克服从众心理，避免群体思维，勇于承担风险和责任。第四，养成良好心态，坦然面对遇到的各类问题，游刃有余处理各种关系。第五，善于将课堂决策情景迁移到现实中，在实践中不断把决策问题系统化、科学化，运用科学的决策方法进行理性决策，对于工商管理类专业学生而言，更重要的是找数据，挖掘模型，具备数据分析能力，如有条件可参与导师的研究课题，或者给研究生学长学姐"打下手"，提升理论与实践相结合的能力。

（四）培养卓越高效的行动力

优秀的理念和良好的计划离不开切实有效的行动力，为了提高学生的行动能力，工商管理专业一直在探索与持续努力。

"读万卷书，行万里路"，理论结合实践，有利于进一步提高学习者的理论水平和实践操作能力，是工商管理专业学生学习中不可或缺的学习方式。已有研究发现，学习方式的不同影响学生对知识的掌握程度：教师授课使学生掌握5%的知识，学生阅读掌握10%的知识，视听并用掌握20%的知识，老师演示使学生掌握30%的知识，学生讨论掌握50%的知识，学生实践掌握70%的知识,学生教授别人可以掌握95%的知识。因此,学习的过程不仅要慧于心、勤于思、慎于言,更要敏于行。

工商管理专业的大学生,一方面要认真对待每门课程的团队作业,积极参与并投入讨论,提出自己的观点,锻炼语言表达能力;另一方面多关注政府工作报告、各类企业家、高层管理者的讲座报告,深入了解国家战略、政策、企业发展动向、市场环境等,并与所学知识相联系思考,多与道德品质高、业务能力强的人交往才有可能开阔视野、了解实践所需,跨越理论与实践之间的鸿沟,促进自身学习能力的提升。此外,积极参加学校、学院组织的企业社会实践活动,主动利用假期进入行业实践。为此,工商管理专业启动了学习系统保障工程,形成帮扶、结对子、老带新等机制帮助学生树立信心,促进学生更好成长成才。同时,学院通过广泛建立实践、实习基地,为学生提供实践场所,通过定期举办"振东管理大讲堂"和"管理智慧大讲堂",邀请优秀的企业家和实干家讲座,把最新的社会实践带入课堂,帮助学生了解社会,发现问题,积极思考,强化所学知识的应用,及时发现不足,弥补不足,不断进步。

第六章
"1 + 3 + 6" 人才培养模式的 "管"
——管理者如何管

学生管理是高等教育管理的重要内容，不仅关系到高校育人目标的实现，而且直接关系到学生素质水平的提高和学生未来的发展。作为学生的"灵魂塑造师"，管理者不仅要完善学生管理的规章制度，更重要的是在日常管理中融入对学生的理想信念教育和价值引领。

一、灵魂塑造的现实目的与意义

"管理者如何管"一直是高校管理者不断思考和实践的问题。显然，过度依赖规章制度的管理已不能适应当今时代的要求，坚持"以学生为本"的柔性管理，秉承"法治 + 德治"的基本准则，立德树人、以文化人，有助于学生的灵魂塑造。

高校管理者不同于企业管理者，有着多重身份，既是行政管理人员又是教师。在高校"去行政化"改革趋势下，从某种角度来说，是为了高校教师能够更好地在教学与学术研究上发挥自己的价值，而免去繁杂的行政事务的压力；从另一方面来看，这深刻地反映了社会对于高校管理者的专业化要求。高校管理者要在深刻认识自身角色的基础上，更加有效地展开学生管理工作。作为工商管理学院，存在的意义不仅仅在于"赋人以能、使人乐从"，更重要的是对于人才的"灵魂塑造"，两者合一是工商管理学院管理人员的不懈追求。

传统的硬性管理制度虽然在规范性、纪律性等方面发挥着巨大的优势，但往往缺乏变通，在人性化方面存在短板，这要求高校管理者在学生管理工作中应该坚持以学生为本的理念和"法治 + 德治"的基本准则。新形势下的高校管理，仅仅依赖于规章制度是远远不够的，充满人性化的柔性管理是提高效率的关键。学生管理不仅在于行为约束，精神的塑造更加重要。"制度制定者"只是管理者的一重身份，从更深层面上来说，管理者的"塑造者"身份更具挑战性，作为学生的思想导师、精神教练、人格楷模，做学生思想与行为的引导者更加重要。

工商管理专业管理者对学生的管理工作绝不是一般意义上的行政管理工作，也不是一般意义上的服务工作，而是一种教育活动，是管理者以一种特定的方式推动学生素质提升的一个根本任务，旨在促进学生的全面发展。加强学生的灵魂塑造一直是立德树人、以文化人、柔性管理的目标追求。无论是规章制度上对学生行为的约束，还是在精神上对学生的思想引导与情感交流，工商管理学院管理者应始终秉持"法治 + 德治"的基本准则，坚持以学生为本的理念，了解学生的心理发展需求，把学生的全面发展作为管理工作的出发点和归宿。

二、山西财经大学工商管理专业所在学院学生管理方面的探索

学院党委高度重视学生管理工作，以习近平新时代中国特色社会主义思想为指导，全面贯彻落实全国教育大会和全国高校思想政治工作会议精神，以"立德树人"为主线，紧紧抓住"育人"和"成长"两个关键，切实把学生管理纳入人才培养工作大格局，着力构建和完善"三全育人"体系，通过完善学生管理体制机制，强化学生日常管理考核，狠抓学生日常习惯养成教育；开展各类学术活动，激发学生内生动力，着力培养德智体美劳全面发展的社会主义建设者和接班人。

（一）完善制度体系，构建学风建设长效机制

1. 领导重视全员参与，形成齐抓共管的学风建设质量监控体系

学院成立了以院长、书记为组长，分管教学、科研副院长、副书记为副组长，教研室主任、辅导员为成员的学风建设工作组，负责研究制定学风建设相关制度和年度工作方案、部署工作、指导检查、教育宣传等。日

常工作中坚持学院班子成员听课查课制度、联系年级制度，教研室主任联系专业、班级制度，本科和研究生导师定期指导学生学业制度，任课教师考勤制度，辅导员抓班级考勤考风制度，团学组织自主抽查学生到课率制度，宿舍长定期汇报宿舍学习制度等，并将学生的综合测评评先评优等与学生在学风建设中的表现挂钩，形成完整的学风监控体系。

2. 把握学生成长规律，分层引导形成全程指导学业体系

大一、大二重在习惯养成。"迎阳光成长，弘工商正气"系列活动，包括晨起、晨读、晨练，集体上自习、上课早到十分钟等。引导学生积极参加团学工作和社团活动。帮扶工程，重点在高数、英语、经济学等公共与专业基础课，以班级为单位，学科成绩优秀的同学形成班级内部"帮帮团"，给班级内其他同学进行知识点分解、典型例题剖析、部分习题讲解，在分享知识的同时加深印象，保证每个学生的学习积极性。

大二、大三重在专业认同和专业兴趣培育。要求大二学生参加"振东管理大讲堂"10次、大三学生参加"管理智慧大讲堂"3次。积极组织学生参加各类双创大赛和专业赛事。

大三、大四重在考研指导和就业指导。邀请高年级优秀学生、校友、企业家等举行就业规划指导、考研报考策略和应考策略学习技巧等报告交流。

寒暑假期学业指导不放松，持续进行学术能力培养。要求大一学生撰写寒暑假见闻，大二学生完成社会调查报告，大三学生完成学年论文，大四学生完成实习报告和毕业论文，按照科研规律由易到难，确保学生科研能力提升和毕业论文质量。

（二）打造"四个融合"，构建"三全育人"工作新格局

在工商管理专业建设上，学院全面统筹各方面的育人资源和育人力量，建立健全党委统一领导、党政群团齐抓共管、专兼职队伍结合、全院师生相互协作的工作机制，形成全员、全程、全域育人格局，实现多方面、多角度、多层次育人，探索"四个融合"的运行机制，即"思政教育与学生管理教育相融合、综合素质教育与专业教育相融合、课堂教育与活动教育相结合、网上与网下思想引领相结合"，逐步构建并形成"三全

育人"的四大体系，即全员育人、全程指导、全域服务、全面协同的人才培养体系，精心、精细、精准、精致的育人工作体系，自主、自觉、自悟、自励的成长动力体系，人才培养的排头兵、学院发展的主人翁、崇德向善的示范者、伟大事业的栋梁才的成才标准体系。

1. 将思政教育与学生管理教育相融合，促进两个方面相辅相成

通过建成校级课程思政试点课程，即本专业的优势学科课程《管理学》以及新开设《晋商精神与创业管理》《商业伦理与企业社会责任》和《企业文化与企业家精神》课程，培养学生企业家精神和职业经理人的素养。建成1个党建品牌项目，即"习近平新时代中国特色社会主义思想读书小组"，以引导学生勤于学习、善于创造、甘于奉献，让学生感受到信仰的力量和真理的光辉，激励学生不断提高道德情操、政治觉悟和思想境界。

2. 将综合素质教育与专业教育相融合，实现两种教育功能互补

根据工商管理专业特点，持续推进本专业学生的两大赛事，即管理案例大赛和营销策划大赛，并系统梳理、总结申报省级乃至国家级荣誉；引导和鼓励学生积极参与学校举办的各类专业赛事，建设和打造学生学术社团，拓展学生专业思维，激发学生刻苦钻研的内生动力，提升大学生的专业适应能力和职业发展能力。

3. 将课内教育与课外教育相结合，丰富育人实践形式

以课堂教育为主，广泛开展两个课堂教育（即第二课堂、第三课堂），深入开展生动活泼的文体活动，并大力开辟校外社会实践活动基地或志愿服务窗口，把课堂教育与暑期寒假社会实践活动、志愿者活动教育相结合，满足学生越来越广泛的知识渴求和体验需求，把单一的专业教育转变为学生全面发展的素质教育，提高学生专业技能和人文素养。

4. 将网上与网下思想引领相结合，推动思想政治教育进网络

当前，网络已成为学生学习生活的重要组成部分，QQ、微博、微信等成为学生人际交流沟通的重要手段。网上教育可以弥补网下教育时空延伸不及时、覆盖面小、非全天候的不足。学院通过加强学院网站、分团委"GongShang之家"微信公众号和"易班"工作站的建设，为学生创建良好的网络学习交流服务平台，建设好意识形态主阵地，实现思想政治工作传统优势同信息技术的升级融合。

（三）以新思想为指导，努力探索育人新模式

学院党委牢记"为党育人为国育才"的初心使命，紧紧抓住"育人"和"成长"这两个关键，通过总结学生成长成才规律，探索育人新模式。

1. 建设"大爱工商"文化

2014年9月，习近平总书记在北京师范大学师生座谈会上指出："爱是教育的灵魂，没有爱就没有教育。"弘扬"大爱工商"文化是学院传统。学院八七级校友设有爱心励学奖学金，每年评出10名优秀困难学生每人资助5 000元，已经持续了9年。校友的无私奉献感动着全院师生，2017年和2018年学院有两位家庭困难的本科生身患重病，师生自发开展"爱心接力"捐款，为每位同学筹款2万余元，以此为代表组织开展的各类公益、捐赠、志愿者活动每年达20余次。学院紧扣时代主题，结合专业特色，组织开展文化艺术节、宿舍文化节、"创青春"等文化活动。校运会、足球赛、篮球赛、啦啦操、舞蹈大赛均取得优异成绩。组织队伍开展暑期"三下乡"志愿服务活动，特别是2019年暑假部分同学牺牲假期时间，为在太原举办的第二届全国青年运动会提供志愿者服务，受到广泛好评。通过文化建设引导学生克服小我或精致利己主义倾向，增强了学生社会责任意识、感恩意识、大爱意识、奉献意识和使命意识。

2. 举办三大讲堂

三大讲堂，即"管理学科前沿论坛""振东管理大讲堂""管理智慧大讲堂"。三大讲堂的共同特点是邀请到的主题演讲嘉宾都是国内顶级专家学者或企业家和社会精英，但侧重点又有所不同，管理学科前沿论坛重在学术前沿，振东管理大讲堂重在企业家精神和创新创业精神培养，管理智慧大讲堂着重在爱国主义、人文情怀的培养，三大讲堂保证了工商管理专业学生在校4年间至少可以听到15场高水平报告，极大拓展了学生们的政治格局和社会视野，也提高了学生们的专业素养。

3. 开展两大赛事

"管理案例大赛"和"营销策划大赛"是工商管理专业的标志性大赛。比如2019年成功举办的第七届"李源堂杯"创新创业与管理案例大

赛，为全校学生搭建起了管理和创新理论与实践结合的平台，有600余人参赛，上百支参赛队伍，通过初审、初赛、复赛、决赛，历时2个月左右，因学生参与面广、参与度深，通过大赛提升了学科竞赛水平，提高了同学们运用专业理论知识解决实际问题的能力。

4. 发挥数十家实践基地的作用

学院通过与企业深度合作，目前已建成以振东集团、美特好物流、大禾集团、同至人商业集团、贡天下、六味斋、万家寨水务集团企业为代表的数十家学生实习实训基地。利用寒暑假、社会实践周、毕业实习等，学生以不同形式和时间进行企业调研实践，提供管理咨询，同时也为学生就业搭建校企深度合作的平台。

三、工商管理专业在学生管理方面存在的问题

长期以来，学生的人文素养教育一直是工商管理专业的薄弱环节，没有得到足够的重视。究其原因，主要在于工商管理专业课程设置单一，难以形成互补和有效的交流，同时又缺乏浓厚的人文艺术氛围，容易出现专业培养中的"单向度"倾向，影响工商管理专业人才综合素质的提高。在学生管理工作中，需要培养学生成为企业家和职业经理人所需的良好的人际交往能力、审美情趣、艺术修养等人文素养，但显然，工商管理专业教育本身在强调专业教育的前提下，对此是力所不逮的，具体来说，表现为以下几个方面。

（一）"立德树人"仍任重道远

1. 人格健全教育缺少关注，存在实用化倾向

我国著名的教育学家蔡元培先生把"养成健全的人格"置于教育的核心地位，也就是说高校教育的目的除传授知识外，更重要的是培养学生健全的人格，帮助他们构建良好的心理世界。但是，目前在很多高校，德育及人格教育被不断边缘化，学生人格成长得不到应有的重视。很长一段时间以来，这些问题都得不到改善，很多教师仍以知识传授为工作重心，极少关注学生对人生的追求、渴望等。由于人文价值引导的缺失，造成有些

学生不注重品行素养。这些现象需要工商管理专业管理者的重视。

2. 实施机制不够健全，实际成效堪忧

高校立德树人过程中还存在许多问题，一个重要原因就是保证立德树人实施的相关机制还不够健全。主要表现在以下几个方面：第一，立德树人的领导机制不健全。学院往往把立德树人看作是从事思想政治教育的教师和辅导员的责任，使得立德树人的实施缺乏强有力的领导核心。第二，立德树人的保障机制不健全。立德树人能否顺利实施，离不开人力、物力、财力的积极支持。但是，目前部分高校在立德树人实施方面，缺乏充足的资金和雄厚的师资队伍，使得立德树人实施的物质保障和人才保障难以落实。第三，立德树人的效果评价机制不健全。建立健全立德树人的评价机制是综合分析评判立德树人成效的重要途径，也是发现问题、提出改进措施的重要举措。评估机制的不健全，使得高校立德树人的效果得不到客观真实展现，也不能及时总结立德树人的经验和发现存在的问题，这在很大程度上影响了立德树人的实际成效。

3. 辅导员亲和力弱化，立德树人任务难度加大

辅导员在落实立德树人根本任务中有着重要地位，因为在日常的学生管理工作中，辅导员可以利用自身的亲和力所产生的影响力对大学生进行思想政治教育。由于种种原因，许多高校辅导员从事学生工作还存在不少薄弱环节，缺乏足够的亲和力，主要原因有两个方面：一是内部因素，一些辅导员认为自己是学生的领导，在与学生交谈或者布置任务时常以命令口吻，把自己置于权威的位置，与学生在真实感情方面交流少；二是外部因素，高校辅导员直接管理班级，一旦学校某些部门有活动或者有任务首先想到的就是辅导员，而辅导员分身乏术，所承担的工作往往超出了其职责范围。一些高校对辅导员重视不够和学生对辅导员的不理解、不配合，也降低了辅导员工作的积极性。

（二）高校“以文化人”应追本溯源

中华文化博大精深，且大学生在知识、思想和价值观等层面上都趋于成熟，用什么样的“文”对高校学生进行教育是一个难题。目前，高校“以文化人”面临的问题主要有以下几个方面。

1. 精神内涵把握不准，传统文化浅尝辄止

"化"和"育"是传统文化教育的过程和目的。多数高校用应试教育的方法对传统文化进行机械的宣讲，偏重对学生进行知识点的灌输，缺少对传统文化特色的把握，以及其中蕴含的民族精神、道德情操进行深入的发掘，没有将传统文化深层次的思想、行为和价值观念真正融入对学生的教育。

2. 内容缺乏融合，思政、文化渐行渐远

高校是宣传思想工作的重要阵地，高校思想政治工作强调以马克思主义为指导，用社会主义先进文化教育人，"引导广大师生做社会主义核心价值观的坚定信仰者、积极传播者、模范践行者"。从以文化人思想出发，工商管理专业思想政治工作在教育观念上应有所变革，要实现思想引领与文化传统相结合。工商管理专业的思政教育缺乏以文化人与思政教育的融合，没有认识到以文化人与思政工作有着先天的契合之处，二者均以文化为载体、以教化为方式、以育人为目标。思想教育所需的价值要素和文化要素必须从优秀的文化中汲取，只有厘清文化传统的内涵，揭示当代文化的价值，阐释社会主义先进文化的意义，才能真正为思想政治工作在观念上和内容上找到文化基础。

3. 协同问题突出，育人工作步调不一

文化是以文化人的核心要素，用什么样的文化去"化"人，直接关乎以文化人的实际效果与目标方向。工商管理专业管理者要以导向科学正确、学生喜闻乐见的文化去"化"人，才有利于实现以文化人目标，但以导向错误、学生排斥的文化去"化"人，则将会把人"化"入歧途，不利于学生的全面发展。目前，工商管理专业管理者与专业教师之间如何协同配合，运用、创建、发展什么样的文化，其中存在的问题突出，是影响以文化人系统运行的一个核心问题。

（三）工商管理专业"柔性管理"需脚踏实地

我国高校的学生教育管理工作一直采用的是刚性管理模式，利用说教和管教的方式管理学生。环境的变化使得学院必须将管理功能逐渐转向服务加管理。在管理理念方面，提出以学生为中心的管理思想；在实践方面，逐渐弱化管理人员的说教和管教，采用丰富多彩的管理活动使学生在亲身实践中实现体验式的成长。目前，工商管理专业在"柔性管理"方面还是存在着不少的问题。

1. "以学生为本"的理念认识不足，制约了教育管理质量的提升

在我国，大部分的高校管理者仍然满足于传统的刚性管理模式，采取强制性的、命令式的管理，要求学生必须服从命令，听从于学校的管理。他们习惯用行政的手段来推动教育工作，强调学校管理者的权威性和等级性，要求学生的各种行为具有规范性，因此而忽略了学生的感受，学生的行为标准和价值目标等柔性的因素也没有得到更好地重视。刚性管理模式过多强调自上而下的管理，忽略了下级与上级的沟通和协调，将学生定位于机械人，认为他们可以通过组织制度和纪律奖惩就能调动，因而不能发挥社会、文化和情感等因素对于学生自我管理、自我表现和自我教育的服务作用。

2. 教育管理的针对性不强，影响了学生的个性发展

大学生正处于成长的关键阶段，他们的性格特征、成长环境、心理品质、社会经验是完全不同的，显现出了他们个体的差异性，这就要求我们针对不同个性的学生要采取不同的教育管理方式，并根据学生所处不同阶段而表现出来的不同状态及时地调整教育管理的内容。作为工商管理专业管理人员，不仅要考虑到学生的思想和心理动态的变化，还要充分考虑不同学生的个性特征及文化素质和道德水平的差异，不拘泥于程序化和公式化的管理方式。要求学生遵循固有的、死板的管理模式，这样不但会使学生心理受到挫折，影响他们的满意程度，往往也与我们"以学生为本"的管理理念相违背，难以达到管理效果。因此，柔性管理中教育管理的针对性必须有所加强。

3. 辅导员队伍建设滞后，影响了柔性管理的落实

目前，我国高校对辅导员的管理仍是刚性的管理模式，这种管理模式不但阻碍了辅导员工作的积极性，而且阻碍了其创新思想的发挥。柔性管理完全不同于刚性管理，它是通过使管理者的心理得到最大满足，利用平等的、民主的管理来激发管理者内在的潜能以及创造精神，并使强制的管理过程转变为管理者的自觉认同，也就是管理的目标变成了管理者自觉的行为。为了适应新时代大学生管理工作的需要，调动辅导员工作的积极性和创造性，必须改变对辅导员原有的管理模式。

四、山西财经大学工商管理专业管理工作的改进方向

山西财经大学工商管理学院致力培养德、智、体、美、劳全面发展、具有健全人格的社会主义建设者和有强烈社会责任感的企业家和职业经理人。在立德树人、以文化人的思想指导下，学生管理工作的重点主要放在以下几个方向。

（一）坚持把立德树人作为根本任务

2018年9月10日全国教育大会强调"坚持把立德树人作为根本任务"。国家对大学生德育教育工作的持续重视，使得新时代"立德树人"持续引起教育界广泛讨论。在此次会议上，习近平总书记对"立德树人"进行了更加明确和具体的阐述："要把立德树人融入思想道德教育、文化知识教育、社会实践教育各环节，贯穿基础教育、职业教育、高等教育各领域，学科体系、教学体系、教材体系、管理体系要围绕这个目标来设计，教师要围绕这个目标来教，学生要围绕这个目标来学。"① 学院以此为准则，将立德树人的根本任务落在了实处。

1. 提高对德育建设的重视程度

调查发现，受互联网各种信息的影响，亟须加强对学生的德育建设，为此工商管理学院管理者已认识到环境对学生思想道德发展的影响，认识到德育建设与学生人格培养的重要性。为避免道德教育被边缘化的倾向，学院致力于使主要以专业知识传授与规章制度约束为中心的教育，转向同时关注学生的道德建设与人格建设。

2. 完善立德树人的实施机制

机制的建构是一项复杂的系统工程，需要建立在一定的制度体系之上，并在不断探索的实践中体现出来。建立健全立德树人根本任务的工作

---

① 2018年9月10日，全国教育大会在北京召开，习近平总书记出席会议并发表重要讲话。

机制，就是要把立德树人作为教育的根本任务，通过整合学校内部相应的制度以实现其育人的目标。

（1）建立健全领导机制。上至学院领导者与管理者，下至学院全体学生，都已认识到立德树人的重要性，不应把立德树人看作是教师和辅导员的责任，而是全体师生的责任。在思想政治教育工作中，做到全员参与，教师协同，完善思想政治教育的空间与时间补偿。同时，领导者在大力支持立德树人的实施过程中，树立自身的带头模范作用，为立德树人的实施建立强有力的领导核心。

（2）建立健全保障机制。立德树人的顺利实施，离不开人力、物力、财力的积极支持。全国教育大会上明确了立德树人教育的重要性，大学生的德育教育至关重要。学院积极响应高校、教育部和国家的号召，扩充资金和建立雄厚的师资队伍，使得立德树人的实施具有强有力的物质保障和人才保障。

（3）建立完善的评价机制。建立健全立德树人的评价机制是综合分析评判立德树人成效的重要途径，也是发现问题、提出改进措施的重要举措。评价标准与评价方式不科学或不合理，会严重影响学院立德树人的成果。因此，学院建立了科学、具体、全面、真实的评价标准，如实反映立德树人的实际效果；建立了适合实际情况的评价方式，不仅注重整体效果的评估，也强化对个体的关注。通过建立完善的评价机制，及时发现立德树人过程中的问题和不足，保证立德树人等相关机制的顺利实施。

（4）建立健全激励机制。在立德树人过程中，对参与人员设置多种类型的激励措施，以调动其参与热情。一是关怀激励，学院及学院管理人员针对学生的特点、学习情况、生活情况、行为习惯、发展前途等方面进行关心、爱护、帮助和引导，以此激发学生的学习热情和积极性。二是榜样激励，榜样激励是在立德树人的过程中，通过树立榜样、典型示范，用先进人物的先进事迹激发、鼓舞广大学生，让学生通过学习这些先进人物的精神、品格来提高自身综合素质的教育方法。三是奖惩激励，奖惩激励是立德树人的重要手段之一，主要包括物质激励和精神激励。物质激励就是学院运用奖金、奖品等物质手段去激励学生，精神激励就是通过给予优秀学生以表扬等各种荣誉，使他们得到精神上的满足。

3. 发挥辅导员的积极作用

在落实立德树人的根本任务中，辅导员发挥着重要的作用。辅导员是与学生心理距离最近的教育工作者，更是传授学生人生经验的思想政治教育骨干。为此，辅导员应充分发挥自己的思想政治教育引导能力，为学生提供教育引导至关重要。倡导辅导员与学生之间建立平等关系，通过柔性管理，给予辅导员宽松的管理氛围和对学生管理工作的心理认同感，引导辅导员与学生建立平等对话、深度沟通、融洽宽松的以情感为导向的关系，逐渐扭转辅导员对学生以管束为主的管理思路，不断提升辅导员的亲和力和对学生的凝聚力，真正将立德树人落到实处。

（二）坚持把以文化人作为基本要求

在全国教育工作会议上，习近平总书记再次强调要以文化人，提高大学生的人文素养。为此，学院把以文化人作为学生管理工作的基本要求常抓不懈。

1. 把握以文化人的精神内涵

以文化人注重用优秀的文化去教化人、教育人，而不是把文化作为知识灌输给学生，这是以文化人的精神内涵。大学生对于文化的吸收能力较强，当面对的文化芜杂混乱时，很容易受到落后、腐朽文化的侵蚀。因此，工商管理专业管理者一要以身作则，以自己的言行教育引导学生不受不良文化的诱导；二要加强自身的文化修炼，在对学生进行文化引导的过程中，要先确保自己对文化内涵的深刻理解，了解蕴含其中的精神内涵，将文化深层次的思想、行为和价值观念融入对学生的教育。

2. 加强以文化人的内容融合

以文化人与高校的思想政治工作有着先天的契合之处，二者均以文化为载体、以教化为方式、以育人为目标。工商管理专业学生的思想政治工作要把思想政治课程、日常的思想政治教育和以文化人的言行渗透融为一体，并使之与专业课程和专业教育相融合。思想政治课程是大学生通识教育的重要组成部分，此类课程在立德树人教育中应发挥主要作用，因此学院既要求教师注重课程本身的知识性，也要求教师有意识地将大学生的成人成才教育、价值观教育和国家民族观念融入课程内容的设计，与思想政治工作保持同方向，彼此促进。同时，工商管理专业以培养企业家和职业经理人为目标，在专业课程和专业教育中，也以企业家和职业经理人应具备的伦理道德修养和政治素质等为导向，在课程建设和专业导论教育中融入与立德树人一致的思政内容。

3. 确保以文化人的过程协同

以文化人运行系统中的各个环节既相互区别又相互联系，因此既要重视各个环节自身的独特作用，又要重视不同环节的相互衔接配合，使各个环节的有效结合能发挥出 $1+1>2$ 的效果。因此，学院经常组织工商管理专业管理者与教师之间就以文化人的主题、内容和教育模式进行充分的沟通和协调，以系统的力量使学生受到来自课堂学习和课外生活指引的双重影响，真正起到塑造学生正确的价值观导向和健康人格的作用。当代大学生都是出生在我国经济高速发展时期的独生或少生子女，工商管理专业学生承担着未来作为有权力的管理人员服务社会的角色，对于这些与上一代在思想观念上有着极大差异的年轻人，要使其在大学期间按照未来的角色要求树立起社会所需要的良知正德和担当精神，需要管理者和教育者齐心协力、齐抓共管，而不是各执一端、各行其是。为此，工商管理学院在实际管理工作中注重强化对专业教师与辅导员和学生管理人员之间的交流和协作，在强调教师为学生"解惑"职责的同时，更注重对教师"传道"职责的引导，使教师主动进入学生管理工作者的工作空间。同时，辅导员与教师工作者也能主动向专业教师了解学生的学习情况，尽可能对学生的学习和生活有深入的了解和把握。具体做法上，比如通过教师与辅导员或学生管理人员之间的定期座谈、主题交流以及辅导员去学生课堂参与课堂体验等方式，加强彼此之间针对学生思想观念教育的交流协作。

4. 丰富以文化人的校园活动

校园文化活动有着重要的思想政治教育功能，是社会主义核心价值观教育的重要依托。工商管理学院注重以感染力和感受性为维度，结合大学生的兴趣和活动需求，创新校园文化活动形式和内容，组织符合大学生审美、具有较强吸引力、传播正能量并兼具工商管理专业特点的校园文化活动。将校园文化活动与社会主义核心价值观融入校园活动，形成文化育人的第二课堂，构建课上课下内外联动的文化育人体系，提高社会主义核心价值观宣传教育的吸引力和影响力，更好地推动社会主义核心价值观进入工商管理专业大学生的日常学习和生活之中。

（三）坚持把柔性管理作为奋斗目标

1. 坚持"以生为本"的理念

在工商管理专业的管理工作中，由于大学生具有较大的独立性和自主性，个性思维强，所以要想使大学生管理工作高效开展，就必须保证学生对学院管理制度及方式的高度认同，建立"以生为本"的教育理念。在学生管理工作中，贯彻"以生为本"的教育理念，工商管理学院管理层树立起尊重学生的主体地位与价值的管理理念。首先，在制定相关的制度与措施时，管理人员能从学生的角度出发，维护学生的利益，以实现学生的全面发展为目标；其次，管理者也注重调动学生的积极性与主观能动性，让学生参与到管理过程中，满足学生的自我意识，培养学生的荣誉感，提升学生的团队意识与凝聚力，使其养成良好的习惯，进而自觉地进行自我管理。管理者在管理中通过刚柔并济的管理方式，使学生充分发挥自身的主动性和能动性，以学生为中心，激发和培养学生自我发展的潜力。

2. 加强教育管理的针对性

学校的核心管理工作是让学生全面发展，这也是管理者的不懈追求。进入新时代之后，工商管理专业管理者必须适应新的管理形势，转变旧的管理观念，改善学生管理工作。大学生处于成长的关键阶段，他们的性格特征、成长环境、心理品质、社会经验完全不同，个体差异性明显，因此，工商管理学院的学生管理团队致力于通过因材施教的管理方法，对不同的学生采取不同的管理方式，并根据学生所处的不同阶段及时地调整管理方式与管理内容。考虑到学生的心理动态变化及个性发展需要，针对不同学生的个性特征、文化素质和道德水平的差异，实施人性化、灵活的管理方式。注重学生的个体差异，学院要求管理人员实施柔性管理，这样不仅有助于满足学生的需求，更加有利于学生的全面发展。

3. 实施对辅导员队伍的柔性管理

当前工商管理专业要实现对学生的柔性管理，除了教师和领导层以外，承担着对学生身心健康直接管理责任的辅导员能否发挥应有的作用，也是至关重要的。辅导员在日常的学生管理工作中发挥着重要影响力，只有使辅导员整体对学生管理工作有积极性、主动性和创造性，才可能在管理上以刚性制度约束为主的控制型管理向以柔性引导为主的以学生为中心的转变。但长久以来，我国高校对辅导员的管理就倾向于采取刚性管理模式，导致辅导员对学生管理的积极性和主动性不高，也就很难以创新性的管理方式对学生进行全方位细致的柔性管理。工商管理专业要培养的是未来的管理者，辅导员作为他们的直接管理者，更需要以言传身教的影响力赋予他们作为管理者所需要的素质和品格。因此，工商管理学院通过转变对辅导员的管理理念，摒弃以制度约束为主的刚性管理，给予辅导员较为宽松的工作环境和采取以学生为中心的激励措施，并着力通过培训和筛选等方式提高辅导员的整体素质，通过对辅导员的柔性管理实现对学生的柔性管理。

4. 提高管理者的管理素质

工商管理专业管理者是学院学生管理工作的主要力量，也是柔性管理的主要实施者。因此，管理者自身的能力与素质直接影响柔性管理的实施效果。首先，学院注重培养和督促管理者努力提升自身素质，做好学生的榜样，以身教代替言教，增强说服力。其次，通过对管理人员的教育培训，使他们认识到情感人格教育应当成为学生教育和管理的永恒主题，通过情感教育的实施使管理者在保护学生自尊心的基础上真正付出自己的爱心，做到以理服人，以情动人；并依靠自身的人格魅力和高尚品德去吸引和感染学生，做到"行高为表，德高为范"，实现以身作则、教书育人的目的。此外，管理者也注重对学生的人文关怀，及时优化评价管理体系，让学生积极参与其中，提高学生自查自纠、自我分析和自我教育的能力，实现学生的自我改进和完善。

总的来说，作为学生的"灵魂塑造师"，工商管理专业管理者在对学生的灵魂塑造中面临着许多的挑战。为更好地扮演这一角色，我们始终把立德树人作为立身之本，注重学生的思想道德建设，积极开展思政工作，不断增强学生对优秀文化、德育知识的感受力、感悟力、分辨力，继而增强对优秀文化、德育知识的认同与内化，通过实施柔性管理，真正做到以文化人、以文育人。

第七章
"1+3+6" 人才培养模式的创新创业教育与晋商精神熏陶

山西财经大学工商管理专业以培养新时代与资源型经济转型所需企业家和职业经理人为使命，新时代与资源型经济转型所需企业家和职业经理人所需的素质、知识与能力，不仅要从课堂中学，更要从实践中学。创新创业就是一条非常好的培养锻炼企业家精神和能力的路径方法。因此，开展创新创业教育工作，培养学生创新创业能力，成为工商管理专业培养方案中不可或缺的内容。同时，位于三晋大地，并与明清晋商有着深厚历史渊源的山西财经大学，继承和借鉴明清晋商商业经营中的智慧和精华，让学生在晋商的土地上接受晋商精神的熏陶，也是一条培养企业家精神的捷径。

一、创新创业教育

创新创业教育对学生知识、素质、能力的丰富与提高具有重要的推动作用。通过创新创业教育，可以丰富学生的理论基础，掌握与创业相关的各种知识，为其以后的创新创业打下基础；创新创业活动也能够提高学生的心理素质，使其形成独立人格，不畏惧创业失败，让他们大胆接触新鲜事物，勇于迎接挑战，积极进行创新创业的尝试。创新创业活动也有助于培养和锻炼大学生的经营管理能力、组织领导能力、分析决策能力、应对风险、快速解决问题等方面的实践能力，为其成为优秀的企业家与职业经理人打下基础。

基于创新创业教育在新时代人才培养过程中的重要性，山西财经大学工商管理专业在培养方案设计时，强化创新创业的重要性，坚持理论研究与实践探索相结合、机制保障与运行管理相结合的方式，凸显其优势并实现均衡发展，紧紧围绕增强学生的创新精神、创业意识和创新创业能力，营造敢为人先、敢冒风险、宽容失败的创客氛围，结合办学实际走出了一条启动"专业＋服务"创新创业人才培养的特色道路。

（一）创新创业教育的实施

工商管理专业人才培养方案中，在前四个学期开设创新创业通识课程，教学过程中与课程结束后至毕业前，选拔具有强烈创新意识和创业意愿的学生组建创业先锋班，进入学校建设的 2 070 平方米的大学生创业实训基地，为其提供实践平台。基地集教育、科研、孵化、经营、办公和服务于一体，建立创业导师制，为每个学生创业项目都配备理论和实践导师，全程跟踪指导学生创业项目，实行"一对一""一对多"指导服务。提供政策指导、技术支持、办公场地、工商注册和投融资对接等全方位精准、精细化帮扶。

（二）创新创业教育模式

通过摸索与实践，形成了意识引领、能力提升、实践锻炼的阶梯式创新创业教育模式。

1. 意识引领

（1）开设创业基础课程，启迪大学生创新创业意识。把创新创业教育编入人才培养方案，将创新创业教育融入教学全过程。开设了《创业基础》通识必修课，共 2 学分，32 个学时；"创业教育"模块公共选修课程，有《大学生职业发展与就业指导》《大学生职业生涯规划与设计》《创业设计与模拟经营》等 20 门选修课程。

（2）举办活动，营造浓厚的创新创业文化。通过组织新生参观创业实训基地与创业成功的学长们深入交流，为刚跨入大学校园的学子埋下勇于创新敢于挑战的种子。"成功之道"励志大讲堂，通过企业家校友们以身说教，树典范学楷模，帮助学生近距离感受创新创业。开展主题创业沙龙、创业讲座、GYB 创业培训等创新创业系列活动。

2. 能力提升

（1）以赛促教、以赛促学、以赛促练，通过举办创新创业大赛，组织参加国家级、省级创新创业类大赛，提升大学生创新创业能力。每年举办一期校园创新创业大赛，选拔优秀创业项目参加"互联网＋""挑战杯""创青春"等国家级和省级创新创业类大赛。

（2）制度助力，设置学分，提升参与度，建立创新创业学分积累与转换制度，增设"互联网＋"等创新创业大赛实践学分，充分发挥实践或创新活动在人才培养中的积极作用，一般为2学分，最高设置4学分。

3. 实践锻炼

（1）充分发挥大学生创业实训基地的实训实践功能，通过组织开展入驻申报活动，吸纳有创业想法和创业意愿的大学生团队入驻基地，从创业想法评估、创业项目指导和创业资源对接等多维度进行帮扶。针对有成熟创业项目的团队入驻创新创业项目试验区，采用独立办公室，在初始阶段给予培育，发展阶段给予扶持，成熟阶段予以指导，逐步形成"种子、苗子、果子"的创新创业项目模式，提升创新创业项目的孵化成功率，突出重点创新创业项目的示范效应。

（2）按照山西省教育厅、科技厅、人社厅等上级单位文件精神，组织参加各类国家级省级创业实践活动。近三年，每年组织学生参加"山西省大众创业万众创新活动周全国双创周""创响山西系列推选活动""校企见面会创业成果展"等活动，让学生创客走出校园，感受双创大背景下的创客文化。在2019年2月17日民革中央主办的"第十八届台湾高校杰出青年赴大陆参访团"中，6名学生代表山西与来自台湾的青年参访团做了创新创业主题交流。

（三）创新创业教育的阶段性成果

在中国"互联网＋"大学生创新创业大赛、"创青春""挑战杯""青年红色筑梦之旅"电视展播大赛、全国财经类院校创新创业大赛、山西省就业创业指导课程教学大赛、全国大学生就业创业论文大赛等赛事中屡获佳绩，得到上级单位的肯定。

国家级、省级大学生创业典型不断凸显，杨璟同学被团中央授予2016

年度"全国创业英雄百强"。2016年1月5日李馨乐同学的创业项目受到李克强总理的认可并亲切鼓励"楼梯间，加油"，他的创业事迹被"全国高等学校学生信息咨询与就业指导中心"收编入《大学生创业典型人物事迹》一书（2018年6月，知识产权出版社出版），是山西省三个收编创业事迹之一。2018年10月，钱江同学接受山西卫视《记者调查》栏目专访"创客：让梦想照进现实"。

（四）以关键问题为导向的创新创业教育举措

坚持问题导向，以师资、课程、产教融合等关键问题为突破口，推进创新创业教育工作。

1. 以师资问题为导向的举措

师资问题是创新创业教育面临的关键问题之一。在师资队伍建设中，从70多名有创新创业教育经验的教师中选拔了38名：含教授2名，副教授5名，其余人员中含博士5名。为不断提升师资质量，面向优质教师资源提供更多的外出学习交流的机会。近三年，共组织100多人次到北京、上海、天津、汉中、杭州等地参加全国高校创新创业教育研讨、论坛和山西省教育厅、人社厅组织的就业创业类培训学习，不断接受前沿理念，提升创新创业指导能力。

2. 以课程问题为导向的举措

如何开设课程是当前高校创新创业教育面临的关键问题之二。为此，力求使课程安排符合创新创业实践所需知识的学习和吸收规律。在课程开设初期大多是为学生普及一些创业的基础知识，课程游离于专业课程之外，在此基础上，逐步建设"依次递进、有机衔接、科学合理"的创新创业教育课程群，推进专创融合。同时，组织师资队伍结合专业特色编写了《大学生创新创业基础》教材（2018年8月，清华大学出版社出版），并录制了慕课，为学生提供与学科匹配且应用型更强的教辅工具书。通过探索和建立诸如将教师指导的创业成果在创新创业类大赛中获相应奖项作为评职称的条件，引导广大教师将社会需求转化到平时的教学之中，解决实际问题、开展应用型科研，将创新创业教育融入教学全过程。

3. 以社会合作问题为导向的举措

与社会合作的有效性是创新创业教育的关键问题之三。建立与社会共同育人的长效机制是为社会培养创新型人才的关键。目前，多数企业在与高校合作过程中仍然多以盈利导向为主，关注校企合作是否能够为他们解决当前人力、技术、资源问题，能否带来直接收益，对深度参与人才培养工作的积极性并不高。为此，一方面，本着公平开放互惠原则，与合作企业建立战略合作，并争取更多的经费用于保障创新创业工作更好开展；另一方面，依托校友资源，对接校友企业家积极反哺学校，在人才共育方面开展深度合作，建立校企合作的长效机制。

二、晋商精神熏陶

山西简称为晋，晋商是指14世纪中叶到20世纪初，从事商业活动的山西商人群体。晋商作为一个"纵横欧亚九千里，称雄商界五百年"的传奇商帮，最早可追溯至春秋战国时期，明清时期达到鼎盛，与徽商、浙商、苏商、粤商并称明末清初五大商帮。如祁县的乔家大院、榆次的常家庄园以及灵石的王家大院等豪华宅院就见证了晋商昔日辉煌的成就。晋商在中国商界称雄五百多年，以过人的胆识和智慧开辟了一条以山西、河北为枢纽，北越长城，贯穿内蒙古戈壁大沙漠，到库伦，再至恰克图，进而深入俄境西伯利亚，又达欧洲腹地彼得堡、莫斯科的国际商路，这是继我国古代"丝绸之路"衰落之后兴起的又一条陆上国际商路，在中国商业历史上留下了光辉的一页。

为此，山西财经大学工商管理专业人才培养方案中，开设了有关晋商精神熏陶课程，其主要内容与启示如下：

（一）晋商精神的内涵

纵观晋商漫漫五百年商业之路，其成功虽然与一定的自然地理环境和历史条件有关，但与晋商表现出来的精神气质更为密切。晋商精神是指山西商人在从事商业活动、创造商品财富的过程中形成的一种独特的经营经验，并将传统儒家文化的核心"仁、义、礼、智、信"渗透其中，这种精神始终贯穿晋商的经营理念和管理活动。这种"诚实守信、开拓创新、群体精神、敬业进取、经世济民"的"晋商精神",可谓是"晋商之魂",为晋商的发展提供了强劲的动力,是晋商能够取得成功的关键要素。

1. 诚实守信

晋商深深植根于儒家文化,其根本在于"诚信",这是晋商的成功之道,也是晋商精神的核心。一直以来晋商都将诚信经营作为经商的头等大事,在经营中极其重视商誉,坚持质量第一、以质取胜的原则,诚信待客、童叟无欺,维护商业信誉。此外,晋商还建立了严格的组织管理制度,以防止不诚信行为的发生。山西票号在商业领域就是诚信的代表。山西票号能够在社会动荡、经济发展缓慢的清朝仍能获得长足稳定发展,其秘诀就在于此。如晋商票号日升昌提出"一日耍奸,可以欺市;二日耍奸,可以愚民;但是不可能有哪一家商号可以数年、数十年靠耍奸混迹于市"的观点。晋商还恪守契约精神,其足迹遍及欧亚大陆,在俄国恰克图地区维持了近200年的贸易垄断地位。"生意兴隆通四海,财源茂盛达三江"是对他们真实的写照。

2. 开拓创新

开放创新是推动晋商进步的重要动力。晋商大胆地提出了"学优则贾",还秉持着开拓创新的发展理念,在发展过程中敢于创新,不断尝试新事物、开拓新商机。晋商在管理体制、激励机制以及组织制度等多方面都积极开拓创新,指导和维系了晋商几百年的经营活动,并使其在很长的一段时期内长盛不衰。

(1)管理制度。

产权制度。晋商在发展中面对激烈的竞争,为了加强自身的力量,采用了股份制的资本运营模式。银股和身股组成股本,"出资者为银股,出力者为身股"。银股是资本家收益;身股又称"顶生意",员工只需以人力顶一定数量的股份,票号中高级经理人员以及服务年限较长的职员是其主要持有者。身股虽然未出资本,但是在利润分配上享有的权利与银股完全相同,均按其占有的股份额平均分配红利。银股持有者要对票号出现的亏损承担无限赔偿责任,身股持有者则不需要为亏损负责,但"银股有享永久利益,父死子继,永不间断。而身股则仅可及身,一旦死亡,其利益立即停止"。股份制是一种行之有效的资本构成形式,不仅能广纳资金,扩大资本和经营规模,还能把晋商企业中员工的利益与财东、商号的利益紧密结合在一起,调动了员工的积极性,体现出晋商创新的经营思路与高超的管理智慧。

两权分离制度(经理制)。晋商在经营上实行所有权与经营权分离的经理制度。东家除提供资金外不再直接参与经营管理,商号的一切事宜均由掌柜处理。而东家在物色掌柜时也会进行多次考察,确定对方德才兼备才会签订聘用合同,合同对双方都进行一定约束,东家要信任掌柜,掌柜要忠于东家。经理制的实行突破了中国古代家族、宗族、本村的固有限制,是晋商在企业管理中的又一创新之处。

(2)激励机制。

身股制——激励机制的核心。身股制是晋商发展史上浓墨重彩的一笔,是晋商独具特色的利润分配制度。身股制,全名顶身股制度,又称"顶生意",其做法是在商号的股份构成中,除东家投资所得的"银股"外,根据掌柜与伙计对收益的贡献分配一定的"身股",身股同银股享有的分红权一样。这种"资本家出钱,劳动者出力,均有股份,一经获利,平等分配"的制度,是晋商对人力资源的承认和尊重,也使得商号的所有者与经营者具有一致的经济利益,这对于掌柜和伙计的激励作用是不言而喻的,从而票号中人人"不督责而勤,不检制而俭"。尤其随着晋商经营规模的扩大,身股的分红占据盈利比重逐步增大,更激励着经理和员工以票号的盛衰为己任,呕心沥血,极大地推动了晋商的发展。

辛金制——激励机制的辅助。晋商企业普通伙计的辛金按照月辛或年薪发放,根据工作时间长短与业务能力进行区别,年终还有赏钱。新入号者为效习,没有辛金;正式伙计起薪为 4~8 两白银;高者能达到数百两白银;表现佳者需要大约 10 年获取顶身股。

故身股制——激励机制的保障。故身股制作为晋商发展中一个独特的保障制度,是对顶身股的延续和补充。故身股指的是"顶身股"员工去世后,东家根据他们生前对票号的贡献和身股数,在几年内其家属所享有的待遇不变。不可否认,设立"故身股"是对顶身股职工及其家属的一种感情慰藉和精神激励,为员工解除了后顾之忧,提高了员工对票号的忠诚度，使员工的个人利益获得了切实可靠的制度保障，无形中增强了企业的凝聚力，也为现有职员注入了一剂强心针，某种意义上还体现了晋商的社会保障制度，值得现代企业参考借鉴。

福利待遇。除员工顶身股和发放辛金外，晋商还设立了很多福利和保障制度。票号承担员工的伙食和衣资，定期休假；票号还会创办义学，免费让员工子女入学，如子弟品学兼优，还可进入票号工作。票号在给予员工物质激励的同时，还注重丰富员工的精神生活，如提供戏剧、社火、武术等一系列娱乐活动。这样一方面能够帮助员工缓解工作压力，另一方面也增强了员工对企业的感情，提高了员工的忠诚度，这正是现代企业所需加强的。

（3）约束机制。

社会约束制度。晋商受传统儒家伦理道德的影响，将"仁、义、礼、智、信"作为其道德准则。晋商的社会约束主要表现在以下四个方面：一是伦理道德的约束，晋商经商讲究义利相通，并崇拜关羽，因为关羽以身作则，用他的一生诠释了"义"。晋商在外获利后，首先便要修建关帝庙，所到之处都广设关帝庙，甚至在海外也有修建。二是宗法约束，晋商招收新职员时只用山西人，他省人一律不予录用。经理或伙计违反了号规或做出了不诚信行为就会被开除出号，别家也永不录用。更严重的是，晋商选择新人入号要"查三代"，即考察其家族内近亲、长辈有无带污点，若有就不予考虑。因此徇私舞弊不仅会使自己身败名裂，还会影响其家族声誉和子孙后代的前途，依靠宗法的力量对员工行为进行约束，为晋商的持续发展筑起了一道"防线"。三是铺保约束，晋商在招收新员入号时，需要有保荐人的推荐和担保，被举荐人出事，不仅会损坏保荐人名誉，保荐人还要赔偿经济损失，学徒在票号内的行为始终由保荐人负无限连带责任。因此保荐人在推荐学徒时要先考察其品质，以避免自己的信誉和经济受到损失，从而使票号多了一重保障。四是行会约束，晋商在经营规模不断扩大的情况下，建立起"联号经营"的组织结构，行会内部订有共同遵守的行会纪律，规定会员义务、行为、会费及惩罚办法等，以此保护同行的利益。

内部约束制度。首先是严格的号规约束，号规也称铺章，相当于现代的企业管理制度，在当时的票商中流行这样一句话："经商之道，首在得人，振兴各庄，端赖铺章"，可见号规的重要性。号规对员工考核升迁、辛金休假、行为道德等都做了明确的规定，如不准挪用号内钱财，甚至向掌柜和东家送礼也有明文规定。号规在实行上，一视同仁，令行禁止，上至东家、下至职员，都赏罚分明，而且还会针对外在的经济形势、行业具体变化情况，适时地调整号规内容。票号内所有人必须严格遵守号规，只要触犯号规就会被开除出号，十分严厉，起到了保证职业操守、杜绝中饱私囊、明确业务规范的约束作用，这为晋商的发展强大提供了制度保证。其次是内部财务控制，为了配合号规有效实施和强化对商铺的管理及员工的自我约束，晋商还实行"阅边"制和营业报告制。由总号派出人员进行突击检查，约束员工行为；分号必须向总号定期报送"月清"（本月的业务详情）和"年总结"（本年度的业务实绩），以便总号能够及时了解、把握分号的经营状况，为总号统揽全局、做出重大战略决策提供必要信息。

（4）把握机遇。

晋商能够学习古人经商经验，在经营中能够审时度势，找准定位，把握机遇及时抢占市场。以粮盐起家的晋商能够抓住时机长期垄断草原和内蒙古各部落的贸易；明朝政府为应对蒙古军队在北部建立了"九边"重镇，晋商凭借有利的地理条件，根据国家对大宗粮食的需求缺口，除经营"商屯"外，还通过多种方法廉价买进粮食，政府购粮时将粮食运到北边从而获取厚利。晋商以开中法为契机，充任粮商兼盐商，并通过这种活动逐渐发展起来；再如在现银运送不便的情况下，日升昌及时根据需求创立了票号，使异地存兑成为现实。多样的经营策略和以市场经营为导向的经商理念使得晋商获得了长足稳定的发展，仍然适用于现代企业开拓市场的需要。

（5）选用育人。

选拔方法。晋商掌柜的聘任主要有两个途径，一是在本商号的学徒中逐渐培养并最终选拔出来；二是聘用德才兼备的商业人才。对于想要聘用之人还要在这个人注重诚信的前提下，同时注重从其家世、人品、才能、经验等多个方面实际考察。这两种聘用方式带来了巨大的效益，内部晋升能够激励员工努力工作实现从"学徒"到"掌柜"的晋升，同时因其熟悉业务、又是从学徒带上来的人员，避免了逆向选择的风险。而商界名流信誉可靠，经验丰富，可以为企业带来发展，同时也避免了亲戚同族的裙带关系。对于学徒，晋商选拔人才的考核标准严格，要从德、能、智、信、仁等各个方面考察，合格者方可入选。这种选拔制度为票号的经营提供了基础性的组织保障，使得票号在日常的运营中，减少了因为员工的失职而遭受损失的现象出现。

人员配置。晋商各商号岗位设置精炼高效、岗位职责明确、层次分明。人员设置依照"因事设人"的原则，决不会"因人设职"。晋商商号的从业人员一般为 10 人左右，一般由财东、掌柜和一般职员（伙计、学徒等）3 个管理层级组成。晋商企业中大多设 2 ~ 3 个掌柜作为商业运作的核心，其中大掌柜拥有人事安排权、公积金运用权和营业管理权等，负责处理商号内的重要事务，总号大掌柜拥有最大的权威，代表东家管理整个票号的运营；二掌柜负责商号内的日常事务；三掌柜主要负责号内的柜台业务。这样极大提高了内部的工作效率，节约了管理费用，同时也增强了员工的责任心，充分调动了其工作的积极性，从而为晋商的繁荣与发展提供了有力的组织保证。在人员调配方面，普遍采用岗位轮换制。一来可以消除因分工不同而造成的不同岗位人员之间的隔阂；二是有利于员工自身能力的提升；三是使企业内部的人力资源接替更为顺畅；四是它是企业内部控制的一种手段；五是减少了内耗，同事之间一旦发生矛盾可以立即调离。

员工培训。晋商特别重视员工培训，在员工培训制度、内容、方式、师资队伍建设等方面形成了完整的管理制度。晋商的新员工培训的特点十分鲜明：一是重视新员工培训，培训周期长达三年，这与晋商的终身雇佣制度有关；二是培训内容广泛，既有针对日常做事能力的培训，又有未来岗位所需技能的相关培训，还有高级经营管理能力的培训；三是培训内容与未来岗位工作所需要的知识、技能、能力紧密联系，确保了培训的有效性；四是注重培训的效果，学徒在培训期间的能力及表现与培训期限挂钩和与学徒的去留挂钩。晋商对新招来的学徒在总号进行培训，时间最短为三年，最长为九年，主要内容是业务能力和道德修养。练习生的培训主要分为三个阶段：第一个阶段，主要是提壶、倒水、侍候掌柜，有空时练习打算盘和写字；第二阶段，总号派资深者任老师对练习生进行培训，主要包括两个方面的内容：一是业务技术，二是职业道德；第三阶段，选拔在第二阶段优秀者，也就是掌柜认为有出息者授以经商之道。训练期满，优秀者录为正式员工，表现不好、资质又差者，辞退回家。另外，为了在少数民族地区扩展业务，贸易行业的学徒还需学习蒙语、俄语等；针对这些地区医术落后的现状，还需学习医疗和针灸技术等内容。经过这样的严格考核后商号才会根据学徒的具体情况将其分派至各号任事。高钰是乔家最优秀的掌柜之一，他就是在伙计的位置上破格进入管理层的，晚年时，他对做伙计的生涯这样评价："练习成熟，再测验其做事能力和道德，如远则易欺，远使而观其志；近则易狎，近使而观其敬；烦则难理，烦使而观其能；卒则难辨，卒间以观其智；急而易爽，急期以观其信；财则易贪，委财以观其仁；危则亦变，告危以观其节；久则易惰，班期二年以观其则；杂处易淫，派往繁华以观其色，期在练或磨不砺，涅而不淄，方足以任大事。"当时晋商流行这样一个说法："十年寒窗考状元，十年学商倍加难"，我们可以看到这期间商业知识的学习不比考状元容易，而且学徒制这种形式造就的是诚实守信、积极勤快、学业卓著的商业能人，比科举制培养出来的人更具实践性、应用性。对在职在岗人员，晋商一般通过岗位轮换开发员工的潜力，培训形式多为师带徒的方式。

正是因为坚持开放创新，晋商才能够不断拓宽市场，在广阔地理范围内与不同社会群体间完成各项交易，成功创建票号等多种金融机构并雇用了一系列有益于企业发展的管理人员、伙计，创造出一个个商业奇迹，最后成就了晋商的辉煌。

3. 群体精神

群体精神是晋商能够迅速崛起并能持续发展壮大的关键原因之一。山西商人这种商帮群体精神，首先来源于家族间的孝悌和睦。山西是华夏民族的发祥地之一，受儒家文化影响较深，所以晋商对血缘关系十分认同和重视。如明代万历年间，山西的"一王两张"三大家族互为姻亲，无论是在商业上还是朝堂上均是相互扶持，大大加强了这三家的商业竞争力，三家联手形成的盐商团伙控制了河东的盐，已经具有了一定的垄断性质。其次，在靠着结亲和家族的基础上，晋商又慢慢发展为地缘组织。随着活动区域和业务范围逐渐扩大，晋商形成了从家族到以乡人为主体的商人群体。在清朝后期，晋商创办的票号分号遍布全国，成为一个巨大的汇通网络。此外，"晋商"这一名称也能够说明清代山西商人已逐步形成一个地域性的商帮。晋商的群体精神在经营中有三种表现形式。

（1）合伙经营。

合伙经营指的是一方出资，其他人出力共同经营，风险共担，利益共享，将自身利益与票号的经济效益紧密联系起来，使劳资关系得以融洽，激发了票号所有人员的工作积极性。这一制度建立起的规模组织庞大，但仍属于比较松散的商人群体。

（2）按地区形成商帮。

这种形式以地缘关系为纽带组成地域性商帮。晋商在外地成立的会馆就是其显著标志。会馆作为商人议事和处理大小商务、举办公益事业的办事机构，为商业决策提供了大量可靠信息。同时，它在一定程度上发挥了约束同乡或同行商人某些不道义行为、应对抵制官府不合理要求、维护商人共同利益的作用。

（3）以联号制和股份制形成业缘群体组织。

联号制是由总商号统管众多小商号，类似现代企业中的子母公司，从而在经营管理活动中发挥群体的作用。股份制是晋商创立的很有特色的一种劳资组织形式。股份制的形式能够使劳资双方均可获利，充分发挥群体效应，在当时具有划时代的意义。

晋商正是凭借着群体的力量，通过会馆和崇奉关公的方式维系、协调票号之间的关系，避免了因势单力薄带来的困境，抵抗风险的能力得到增强，还在一定程度上避免了内部争斗，一致对外。

4. 敬业进取

敬业进取精神首先体现在晋商热衷经商。封建社会"重农抑商"思想根深蒂固，晋商事业仍能持续壮大，在国内市场上居于很高地位、在国际商界闻名，这与其敬业进取的精神是密不可分的。晋商认为士农工商同等重要，他们能够褒商扬贾，以商为荣。如晋商中的常氏家族弃儒经商、弃官经商的子弟就有很多，他们将"学而优则仕"逐步转为"学而优则商"。常氏十四世常旭春，是清末举人，曾任晚清法部员外，精于变通，书法艺术名冠三晋，擅作诗词，但他最热衷的还是经商。数代优秀人才致力于经商，使晋商形成了一个文化商人群体。他们还把儒家思想的诚信、仁义、忠恕精神作为其经商理念，取得了诸多成就。晋商通过经商实现当家立业、光宗耀祖的理想，艰苦努力、苦心经营、发家致富提高其家族的社会地位和家族的威望，鼓舞了更多的人走上经商之路，这正是山西商人经商取得成功的重要因素。

其次体现在晋商不畏艰险、敢于挑战。他们依靠"劈开万顷波涛，踏破千里荒漠"的精神，白手起家而成大业。晋商经营活动大部分是通过长途贩运实现的，他们不惧风雪沙漠，北至蒙藏边疆，东渡日本，还开辟了以晋骥为枢纽，跨越长城戈壁，进而深入俄罗斯腹地的跨国贸易大动脉——万里茶路。这是继我国古代丝绸之路的又一条国际商路，充分表现了他们不畏艰辛、开拓进取的精神风貌。在经营中为克服恶劣的天气和复杂的社会环境，晋商还设立镖局，以保证生命和财产的安全。

5. 经世济民

晋商不仅注重自身的发展扩大，还有强烈的爱国主义精神和民族精神，对自己和员工都提出了经世济民的要求。最突出的是光绪二十四年（1898 年）时，英国通过签订协议大量掠夺山西的矿产资源，祁县三晋源票号财东渠本翘联合祁县、太谷、平遥各票号掀起了一场持续十多年的争矿、赎矿斗争，最后取得了胜利。这场斗争称得上是中国近代史上的一次反帝爱国的壮举，被史学家称为是"汇入近代史主流的旷世之功"。乔致庸经常教育员工心里要时刻为老百姓服务。他认为人的抱负越大就越需要考虑全局，目光要长远，事业才能稳固繁荣。乔致庸正是基于这种强烈的社会责任感，胸怀天下，经世济民，以天下苍生为己任，以此作为自己毕生的壮志和追求，才使乔家的财富甲天下，事业鼎盛辉煌，乔致庸也成为清末最富有的商人。

（二）晋商精神对企业家培养的启示与借鉴

晋商从兴起到其发展壮大，票号广布欧亚大陆，再到其逐渐没落，经历了五百多年的历史考验。纵观晋商五百年商业之路，其成功离不开诚实守信的商业文化，离不开勇于开拓创新、灵活变通的创新创业精神，离不开多样的经营管理智慧，更离不开经世济民、义孚天下的强烈社会责任感。无论是产权制、经理制的管理制度，还是辛金制、顶身制、故身制的激励制度，都是晋商在经营管理活动中不断创新的结果。在今天看来，晋商的精神，晋商所创造的文化作为特定历史时期的思想文化体系，它继承、融汇了历史上丰富的商业经营经验和自强创业精神，在我国的商业思想文化史上产生了强大的吸引力、凝聚力和创造力。这也使得晋商在瞬息万变、竞争激烈的商业中能够长盛不衰，在明清时期步入称雄全国商业资本的辉煌时代，开创了晋商的鼎盛时期。即使在时间过去了几个世纪，我国经济建设取得巨大成就的今天，当我们以今天的眼光重新审视晋商施行的制度措施时，发现其中仍闪烁着许多智慧的光辉，给我们现代企业的管理提供了许多启示。

今天的山西承担着建设国家资源型经济转型综合配套改革试验区的重大历史使命。推动山西转型发展，仅依靠现有资源是不够的，更需要引进新的动力。世界经济正在加速发展，创新已经成为经济发展的根本源泉和动力。在互联网普及的时代，创新已经成为大众的行为，李克强总理早在2014 年达沃斯论坛开幕式上就提出要形成"大众创业、万众创新"的态势①。晋商通过经营票号真正实现了"汇通天下"，他们用实际行动告诉我们，要开放，要诚信，在更大的空间赢得商业的可持续发展。山西经济振兴的关键就在于创新和开放，要积极贯彻落实新的发展理念，站在新的制高点，引进技术人才，从而开拓新的产业，同时也要增强中华文化自信，继续扩大开放，以开放的心态推动山西经济转型发展，将山西打造成为内陆地区对外开放新高地。

几百年前万里茶路上的晋商征服了天下，今天山西财经大学工商管理专业在培育企业家和职业经理人的使命驱动下，通过设置《晋商精神与创业管理》课程，深入学习和挖掘晋商精神，继承晋商精神，取其精华，将晋商精神与现代企业发展的实际相结合，赋予晋商精神以新的时代内涵，

---

① 2014 年 9 月，天津召开的夏季达沃斯论坛上，李克强总理提出，要在 960 万平方公里土地上树立起"大众创业""草根创业"的新浪潮，形成"万众创新""人人创新"的新势态。

把其融入创业教育。通过晋商精神熏陶，培养当代大学生具有良好的思想品德、职业道德和社会公德，遵循商业伦理、崇尚信义、取财有道、洁身自爱的道德修养，树立创新思维、创业意识，把握创业机会，提升他们的创业技能和创业品质，营造创新创业的浓厚文化氛围，真正体现"弘扬晋商精神，富有职业精神和创新创业精神，与市场接轨，适应社会需求"的人才培养宗旨，为社会输送具有国际视野和系统思维的企业家和职业经理人。

第八章
"1 + 3 + 6" 人才培养模式的实践基地实习与实训

工商管理专业教育的发展是为了满足日益变化的商业环境的需要，教会学生认识当今市场的全球性，把企业家精神引入教学，力图培养满足现代企业需要的人才（Hubbard，2007）。中国特色社会主义进入新时代，对企业家和职业经理人提出了更高的要求。企业家和职业经理人不仅要有坚实的知识储备，更要有胜任其职责的身心素质与综合能力。如果说课堂教学为未来的企业家和职业经理人提供了知识给养，奠定了扎实的理论功底，那么实践教学则是理论联系实际，培养和锻炼学生实践能力、创新能力和综合素质的重要环节，是实现培养具有创新精神和实践能力的应用型高级管理人才目标的重要手段和措施，是工商管理专业教学体系的重要组成部分（张春颖，2011；招建贞，2014）。

一、工商管理专业实践教学体系构建

工商管理专业实践教学的目标要求学生深入实践，在实践中发现并解决问题，提升实践技能，培养学生独立思考能力，最终培养成为具有创新精神的应用型管理人才（崔苗，2015）。工商管理专业具有较强的复合性与综合性特征，其实践教学需要结合学校的实际资源进行安排（邱丽娟，2018），即根据工商管理专业人才培养目标，充分整合和利用校内外各种资源，以提高学生的实践能力为目标，有计划、有组织地指导或引导学生应用专业知识解决实际问题（牟绍波，2012）。因此，构建完善的实践教学体系是保障实践教学效果的前提条件。

（一）工商管理专业实践教学体系构建的指导思想与达成目标

1. 工商管理专业实践教学体系构建的指导思想

工商管理专业旨在培养践行社会主义核心价值观，具有社会责任感、公共意识、职业精神和创新精神，适应新时代中国特色社会主义建设要求，具有人文精神与科学素养，掌握现代经济管理理论及管理方法，具有国际视野、创新意识、团队精神和沟通技能，能够在企事业单位、行政部门等机构从事经济管理工作的应用型、复合型、创新型人才。按照"宽口径、厚基础、重实践、强能力"的人才培养规格总体要求，山西财经大学工商管理专业以工商管理类教学质量国家标准为依据设置核心课程，对标一流、凝聚优势、立足山西，以创新人才培养需求和学生的个性化需求设置特色课程，以学生为中心的课堂教学设计提升教学效果，以综合实验、实践教学、实习实训、举办大赛等环节实现学生知识、能力与素质的系统提升，真正体现"富有职业精神和创新创业精神，与市场接轨，适应社会需求"的人才培养宗旨。

实践教学体系构建的指导思想是根据工商管理专业建设和人才培养方案中应用型、复合型、创新型人才培养目标要求，突出对学生职业精神、创新意识和创新能力的培养，鼓励"学以致用"，充分调动学生的积极性，提高理论和实践相结合的能力，培养既能够正确理解理论，又能够勇于实践、创新创业能力强的管理人才。因此，实践教学体系的具体目标为：一方面，建立与工商管理专业理论课程既相互独立又联系紧密的教学体系，发挥学科交叉及学科综合应用的特色和优势；另一方面，在工商管理专业实践教学模式的探索过程中，努力发掘有利于培养实践及创新创业能力的元素。

2. 工商管理专业实践教学体系构建的总体思路和目标

工商管理专业实践教学体系构建的总体思路是：使学生能够通过实践教学获得实践知识，开阔眼界，加深对理论知识的掌握与运用，进而在实践中对理论知识进行修正、拓展和创新；培养学生的沟通能力、团队合作能力、领导能力、执行能力、创新能力、创业能力等；增强实践情感和实践观念，培养良好的职业道德与职业素养，培养实事求是、坚韧不拔的工作作风；缩短学校到企业的距离，能够较快开展工作，满足社会需要。

通过工商管理专业实践教学体系的构建，欲达成以下目标：一是形成重视实践教学、强化实践教学的氛围，只有学校、学院及相关部门观念上重视实践教学，实践教学才能落到实处；二是紧紧围绕工商管理专业人才培养目标这一中心来设置相应的实践课程和环节；三是以能力培养为基准构建工商管理实践教学的内容体系，突出专业应用能力培养，循序渐进地安排各个实践环节，让学生掌握完备的技能。

（二）突破固有实践教学模式，建立"校内 + 校外"双轮驱动的实践教学体系

经过 30 多年的发展，工商管理专业逐渐形成了比较完备的实践育人教学体系，摸索出来一套适合培育管理人才的"校内 + 校外"双轮驱动的实践育人教学体系（如图 8 - 1 所示），形成了以"学校培养—企业实践—学生自我锤炼"为内涵的创新型、发展型、开放型的人才培养模式。

具体而言，依据工商管理专业人才培养目标，坚持"学以致用"的实践教学设计思想，围绕"教"与"学"两个层面展开实践教学，将课程学习、课程实验、实训、暑期社会实践、管理案例大赛、营销策划大赛、大学生创新创业项目及创业竞赛等与理论学习和科学研究有机地结合起来，在完成校内通识课、学科共同课、专业必修课、专业选修课基础上，在晋商精神熏陶、ERP 实验模拟、管理案例大赛、营销策划大赛等培养路径的基础上，以现有的实验、实训基地为基础，拓展和完善实践、实验、实训、实习的多元实践平台，以充分调动学生积极性，提升其既能够正确理解掌握理论，又善于思考、勇于实践的专业素养。其中，校外驱动的实践育人主要体现为实践基地的实习与实训，贯穿学科专业实践和综合实践两个模块，为大学生创造了解企业和社会、接触企业实际工作、将所学知识应用于实际管理情境的便利，有助于大学生综合素质的养成与综合能力的提升，是培养企业家及职业经理人的有效途径。

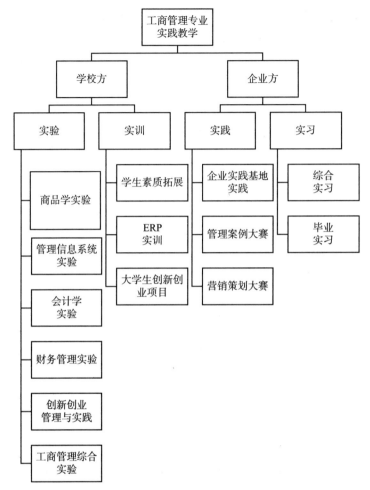

图 8 – 1　工商管理专业实践教学体系

二、工商管理专业校外实践基地的实习与实训

（一）建设丰富多元的校外实践实训基地

丰富多元的校外实践实训基地是开展实践教学的前提条件。通过多年的努力，建立了数十家长期稳定的具有行业代表性的校外实践教学基地，主要基地如表 8 -1 所示，并聘请了近 20 位校外兼职教授，逐步加大学生

进入企业进行短训或长训的实践教学力度。实践基地既有制造企业，也有商业零售企业和物流企业；既有传统企业，也有互联网企业；既有成立不久的新型企业，也有百年老字号企业；既有专业化企业，也有集团型企业。

表8-1　　　　山西财经大学工商管理专业主要实训基地企业汇总

序号	企业名称
1	山西同至人购物中心有限公司
2	山西振东实业集团有限公司
3	山西大禾实业集团有限公司
4	清徐县美特好农产品配送物流有限公司
5	山西梁汾醋业有限公司
6	山西引黄工程管理局
7	山西贡天下电子商务有限公司
8	太原六味斋实业有限公司
9	山西穗华物流园有限公司
10	山西省平遥牛肉集团有限公司

（二）制定校外实践教学基地教学工作方案

为有效提升学生的综合素质和实践能力，不断提高人才培养质量，学院与同至人商业集团、振东药业集团、大禾实业集团、美特好物流公司等数十家企业签订了共建校外实践教学基地协议，并制定了实践教学基地的教学工作方案。

1. 明确实践基地教学的指导思想

实践教学活动是工商管理专业人才培养非常重要的一个教学环节。实践活动与工商管理专业的培养目标、专业特点、课程教学相结合，"请进来"与"走出去"相结合，集中实践与分散实践相结合，分年级、分专业、分专题进行实践。学生参与实践活动，可增强对专业知识的感性认识，加深对专业理论知识的理解，提高专业技能与素质及社会适应能力。

2. 成立实践教学工作组，明晰工作职责和工作要求

实践教学活动的有效开展还需要进行全程化的管理，并有相应的制度作为保障。为了确保实践教学成效显著，工商管理学院成立了以学院院长为组长，学院领导班子成员和教研室主任为成员的实践教学工作组，明确了工作组的四项工作职责：（1）负责学院校外基地教学实践方案的制定和组织落实；（2）组织构建各专业特色实践教学模式；（3）组织探索实践教学改革方法及路径；（4）各教研室制定社会实践活动方案并组织实施。提出了"统一思想，提高认识；明确责任，精心组织；严格管理，确保实效；年级辅导员加强管理，专业教师积极参与和指导；学生严格遵守纪律"等工作要求。

3. 确立丰富多样的实践教学形式

社会实践采取"请进来、走出去"的模式，按年级安排不同形式与内容的调查与实践活动，主要包括参观体验、集中与分散社会调查、企业家讲座、专业教育、顶岗实践、毕业实习等形式。

三、校外实践基地实习与实训活动内容

（一）课程实践

课程实践指围绕课程知识内容开展的相关实践活动。对在培养方案中安排有实践学时的课程，通过企业参观、现场调研等形式，帮助学生将实践活动与课程的理论知识结合在一起，提高对理论知识的直观认知和理解，有效提升教学效果。课程实践主要涉及工商管理的一些专业课，如组织行为学、市场营销、运营管理、零售管理、职业生涯管理与实践等，开展时间主要分布在大二至大四的学期，每门课程的实践学时为16学时。例如在课程中安排学生到企业进行实践，实地考察生产经营流程。现场参观考察完毕，师生与企业管理者进行互动，学生提出问题，公司管理者进行解答。课程实习结束后，学生以小组为单位，进行课程实习汇报，从不同的方面、不同的角度分析该公司的运作及经营管理并进行实践总结。通过实地考察，使学生了解企业的运作，增强对管理的感性认识，加深对课

程知识的掌握，调动学生深入思考问题和解决问题的积极性，拓宽学生的视野，培养学生的实践能力。

（二）社会实践

学生参与社会实践活动，通过实地亲历，增强了对管理的感性认识，加深对工商管理理论知识的理解，夯实了专业知识，提高了专业技能，同时也使学生对企业管理的精髓得到深入理解，引发学生对企业管理中的诚信、实干、沟通、创新等的深入思考，有助于提升学生的综合素质与能力。实践基地配合学院完成以下教学内容：参观企业，介绍企业概况；安排学生社会实践的地点（有关的职能处室、业务部门）；为学生提供必要的资料；安排整体的社会实践任务；对学生社会实践执行情况做出鉴定。学院会不定期同实践基地单位召开有关人才培养、社会实践的座谈会，以改进和提高人才培养和社会实践的质量。通过社会实践，学生对未来的管理活动有了切身的体会，缩短了走向社会的适应期。

（三）社会调查

工商管理专业鼓励学生走出校门，深入农村、城镇社区、企事业单位等，聚焦社会热点问题，有计划、有重点地对社会现象进行系统地调查了解、专题考察和参观访问等，并在此基础上通过分析研究，提出解决问题的对策，以此丰富学生的社会阅历，培养学生对社会的了解和应有的社会责任感，锻炼学生的策划、执行、团队合作、归纳总结、应变等方面的能力，培养学生发现问题、分析问题和解决问题的能力，提高学生的综合素质。

大学一年级学生结合国家及地方经济建设和社会发展状况开展主题为"观察改革变化、体验基层岗位、调研基层课题"的社会调查，学生利用寒假，在指导教师的指导下进行专项调查，以"寒假见闻"的方式撰写不少于3 000字的专题调查报告，旨在使学生能深入实际，了解国情，体察社会现状。

大学二年级学生在教师的安排组织下按照所学专业赴企业进行参与式观察和服务式体验，对调查企业的经营管理模式及具体管理实践进行较为深入、全面的了解，加强专业知识的渗透与运用，要求学生撰写不少于5 000 字的调查报告。

大学三年级学生根据个人的兴趣，在指导教师的安排组织下深入了解特定企业经营现状，发现问题，分析问题，学以致用，并撰写不少于5 000 字的学年论文，为确定毕业论文选题及写作做准备，为将来就业和创业探寻方向。

（四）毕业实习

为了提高学生理论与实践相结合的能力，工商管理学院与相关企业进行合作，为工商管理专业学生提供实习机会与就业选择。实习能够增加学生的社会经验和工作经验，使他们更好地了解自己的潜力和定位，并确定未来的发展方向。

毕业实习安排在第 4 学年，时间为 9 周，第 7 学期 3 周，第 8 学期 6 周，是对大学 4 年所学知识的全面检验，要求将所学理论知识与岗位技能充分融合，较好掌握相关岗位的基本技能，为就业打下坚实的基础。

工商管理专业毕业生的毕业实习分集中与分散两种形式。毕业实习生可以到校外实践基地安排的实习岗位实习，学院会与实践基地在每年实习之前召开实习推介会，各实践基地的人力资源管理部门人员与毕业生见面，通过企业及实习岗位介绍，企业及实习生双向选择，最终形成各实践基地的实习人数及名单。实习期间，毕业实习学生紧密结合专业及毕业选题在实践基地顶岗实习，实践基地负责实习生的工作安排、劳动安全、劳动纪律教育、考勤记录和必要的专业技术指导工作。学院在此期间，辅导员及本科生导师及时了解毕业生的实习情况，协助实践基地对实习生进行管理和教育。毕业生也可以分散到自己家乡的企业或者应聘单位进行毕业实习，这样毕业实习与将来的就业紧密结合，毕业生可以提前熟悉企业，更好地融入企业。

学生通过在实习单位的观摩、学习和承担相应的实践研究课题以及实际操作，在与实习单位的合作交流实训中，身临其境感受和领略管理的内在实质，其实践能力、创业意识和创新能力可以得到有效地锻炼和培养。

（五）设立虚拟公司以及后期设立创业公司

以创业公司为依托的管理实践对于工商管理专业的学生来说是实践的最高层次。依托本校的创业园区，鼓励部分有创业能力的学生或教师进行创业活动，建立虚拟公司，后期条件成熟时设立创业公司。给予学生相应的支持，以此带动其他学生的参与。建立创业园区可以解决工商管理专业学生理论和实践结合的问题，同时还可以解决学校发展的问题，向外界寻求资源，扩宽校企合作的途径，发展学校的核心竞争力。当然，创业园区的建设涉及基础的软硬件的建设，也需要学校的制度去落实和推动，需要打破学院的界限，甚至打破学校和企业的界限。

（六）培养任课教师的实践能力

针对工商管理专业一部分教师缺乏实践经历的现状，推行教师到企业挂职、观摩锻炼等措施，提高教师的实践能力。例如，学院的两位年轻教师曾在同至人购物中心太原店进行了为期半年的挂职，他们在挂职结束时提交了《同至人购物中心太原店调研报告——基于聚客力模型的分析》，受到企业的高度评价，其中的一些建议和措施被企业采纳。还有两位教师利用暑假在美特好清徐县农产品加工配送中心进行了观摩学习，通过观摩了解物流配送中心的运营以及作业过程，对配送中心的基本作业规程有了深入了解，通过把学到的实践知识补充到课堂，弥补了课程实务操作和实践部分的不足，给学生立体丰满地呈现了相关的教学内容。还有教师利用寒假期间，在贡天下电子商务物流配送中心观摩实习，了解了电子商务企业的物流运作流程；利用暑假，在清徐水塔陈醋物流园观摩实习，观摩水塔集团配料仓、包材库、半成品库以及成品库，对生产企业的物流过程有所了解。教师实践能力的提升对学生实践能力的提升起到了积极的促进作用。

四、工商管理专业实践基地实习与实训的不足与展望

山西财经大学工商管理专业实践基地的实习与实训，对夯实学生的理论知识、培养学生的综合素质、提升学生的综合能力做出了积极的贡献，

在未来的专业建设中，也将发挥更为重要的作用。

目前，工商管理专业实践基地实习与实训还存在以下不足：一是实践基地的建设还需在数量上和质量上进一步扩充和加强；二是校企共建实践基地内容还需在深度和广度上进一步拓展；三是学生实习实训的方式在形式上和管理上还需要进一步丰富；四是教师实践能力还需在服务教学和解决企业实际问题方面进一步提高。

针对以上不足，目前正在采取以下措施：首先，成立专门的校企合作机构，设立专人负责校外实践基地的建设与联络，负责课程实践内容与企业的对接与安排，负责教师挂职锻炼与观摩企业以及企业需要解决问题的联系与反馈，为教师投身实践、促进校企合作创造条件；其次，对学生严格纪律，对教师实施激励，以促使学生重视社会实践，鼓励教师在社会实践中投入更多的精力。通过这些措施的实施，相信工商管理专业在今后的实践教学中能够结出更多更好的"果实"。

第九章

"1+3+6"人才培养模式的管理案例大赛与营销策划大赛

实践教学通过为学生提供一个知识转化的实践平台来促进学生专业理论知识转化与吸收能力的提高。近年来，为提升实践型人才培养质量，各大高校围绕构建高质量实践教学平台进行了积极的探索和创新。其中"以赛促教、以赛促学"实践教学模式以教学相长为目标，以大赛为平台，实现了教与学的双向提升，并成为高校实践教学改革的方向之一。本章介绍山西财经大学的营销策划与管理案例大赛，探讨"以赛促教，以赛促学"实践教学模式的内涵、意义及经验启示等问题。

一、"以赛促教、以赛促学"实践教学模式的内涵与意义

（一）"以赛促教、以赛促学"实践教学模式内涵

实践教学是指学生在教师指导下，以实际操作为主，掌握感性知识和基本技能，提高综合素质的各种教学活动的总称。它是与传统意义上的理论教学相对应的一个教学环节，其主要形式包括实验、实习实训、社会调查、课程设计、学科竞赛、毕业论文（设计）等。实践教学是把理论知识转化为综合能力，进而促进理论持续完善的关键，是加强学生知识理解和提高其运用能力的重要环节（张素姣等，2014）。近年来，各大高校在构建高质量实践教学，提升人才培养质量等方面积极探索，竞赛目前已逐渐成为实践教学的重要组成部分。

"以赛促教、以赛促学"的实践教学模式是高校与社会实际需求相结

合的产物，是一种教学、实践和创新有效结合的特色教学。具体来说，"以赛促教"是指高校教师在日常教学过程中，通过组织、指导学生参加竞赛活动，检验自身的教学质量和教学能力，寻找课堂理论教学的不足点和专业实践操作能力的欠缺点，并针对所出现的问题加以改进，不断完善课堂教学知识体系和教学计划。"以赛促教"促进教师进行教学改革和实践，提升教师实践与理论相结合的教学能力和自身专业能力。教师主要通过参赛学生的表现情况和比赛结果，反思自身教学的方式方法是否存在问题，在以后的教学中结合学情、教学内容，寻求最佳教学方法，使自身教学水准更加专业和权威，从而提升教学的实用性和针对性，与学生形成良性互动，达到"以赛促教"的效果，实现教学相长。

"以赛促学"就是鼓励学生在专业课程学习过程中去参赛，以竞赛的方式充分调动学生的学习积极性，激发学生的学习兴趣，引导学生积极主动地学习专业基础知识，拓展学生专业学习的广度与深度，培养学生良好的自我学习能力、实践动手能力及创新能力等，有效提高学生学习的质量。学习质量的提高又反过来促进学生努力完成比赛，提高学生综合素质，达到"以赛促学"的效果。

"以赛促教"和"以赛促学"两者是相辅相成、互相促进的关系，学生的学习与教师的教学在人才培养模式的构建过程中应看成是一个完整的有机体，通过教师的"教"来提升学生的"学"，对学生"学"的总结与反思又会促进教师"教"的改进。学生在比赛中掌握知识，教师在比赛中改善教学。通过竞赛不仅能够对学生实践能力和团队合作等综合素质进行考评，也可以有效地检验教师的教学水平，更是教学改革的试金石。

（二）"以赛促教、以赛促学"实践教学模式的意义

1. 以竞赛为手段，提升学生综合能力

"以赛促教、以赛促学"的实践教学模式，使学生的专业技能水平、实践操作能力、主动解决问题的能力、团队合作能力等得到不同程度的提高。近年来，我国高校所适用的技能大赛已经有了比较完整的竞赛体系，学生所能参与的竞赛也越来越多，每年我国高校都会举办各类专业技能大赛。这些专业技能性竞赛的举办，一方面，使得学生的学习热情和学习兴

趣明显增加，提升了学生学习的主动性；另一方面，学生在课堂上学习的知识点和技能能够在参赛项目中得到应用，有助于增强学生学习的成就感。学生通过参加大赛，能将大赛中涉及的不同课程、碎片化状态的知识和技能有机黏合在一起，并在头脑中形成稳定的知识与技能架构，及时找到自身在学习中的不足和问题，从而更加明确学习的方向，弥补自己理论知识的薄弱之处，加强训练提升自己的专业技能，提高自身将理论运用于实践的能力，达到"以赛促学"的效果。

2. 以竞赛为载体，提升教师专业水平

"以赛促教、以赛促学"的实践教学模式能使教师有针对性地进行教学研究和教学实践，进一步提升自己的综合素质与能力，提升教学质量。这种教学模式对教师专业教学水平和实践技能要求很高，教师不再以传授学生知识和技能为重点，更多的是解决学生在实践过程中遇到的各种问题。教师为了更好地解决学生的问题，必须改进旧的教学理念，加强对自身专业素养和教学能力的培养和训练，不断更新自身原有的知识储备，使教学内容更加专业和权威，这样才能在一定程度上满足学生多元化、多层次的需求。教师通过指导学生竞赛来对专业课程教学情况进行充分研究，有助于教师不断弥补社会发展对专业课程理论知识的需求、克服专业课程内容的实践能力短板、通过竞赛进行专业课程的教学改革以及授课水平与专业素养和综合素质的提升，达到"以赛促教"的作用。

3. 以竞赛为契机，提升学校专业知名度

"以赛促教、以赛促学"的实践教学模式能促进高校充分利用赛事平台开展校企合作，并以合作双赢为原则，为实践性教学的创建开发多途径的实践基地。同时有效结合地区经济的发展，服务于地方企业和特定行业，实现人才供需双方的对接，以此为契机，推动深度的校企合作，推进专业建设与现实产业发展对接、课程内容与职业标准对接、人才培养过程与企业对接，构建专业的差异化定位和特色优势，提高专业人才培养质量和社会认可度。另外，参与竞赛的企业都是行业中非常优秀的企业，教师通过参加各种竞赛可以和企业有直接的接触，从而更加了解市场和社会发展的需要，邀请企业家和管理者参与到专业人才培养方案的制定过程中，这对提高专业人才培养质量有一定的促进作用，能够促进教学改革和高质量专业建设的进程，提升专业知名度。

二、山西财经大学营销策划与管理案例大赛

（一）山西财经大学营销策划与管理案例大赛简介

1. 山西财经大学营销策划大赛简介

山西财经大学营销策划大赛，是山西财经大学工商管理学院为实践工商管理专业"学校学习+企业实践+学生自我锤炼"的人才培养模式，有效开展大学生科研训练与素质拓展，面向全校大学生开展的以工商管理专业学生为参与主体的营销实践技能与创新创业竞赛活动。

山西财经大学营销策划大赛已成功举办13届，目前已成为全省高校规模最大的营销策划大赛，历届大赛名称如表9-1所示。大赛要求参赛团队根据企业真实的产品和策划推广诉求，在真实的市场竞争环境下通过实施市场调研、营销策划、销售和品牌宣传等竞赛环节，提出策划方案，以创新思维形成有价值的成果。大赛目的在于提高大学生的学习、创新、实践和适应社会等的能力，锻炼学生利用管理学、营销学专业知识分析问题、解决问题的能力，为今后更好地适应社会积累有益的经验。同时，历届赞助企业在与学校合作的过程中也极大地提升了企业自身的知名度和美誉度，获得了各种非常有价值的营销策划创意，为企业下一步营销提供了重要决策参考价值。

表9-1　　　　　　　　山西财经大学历届营销策划大赛一览

年份	大赛名称
2002	第一届"乳珍牛初乳杯"营销策划大赛
2003	第二届"福临门杯"营销策划大赛
2004	第三届"脉动冻饮杯"营销策划大赛
2005	第四届"超级女生饰品杯"营销策划大赛
2006	第五届"晋派酒杯"营销策划大赛
2007	第六届"瑞银投资杯"营销策划大赛
2008	第七届"古城乳业杯"营销策划大赛

年份	大赛名称
2009	第八届"太平人寿杯"营销策划大赛
2011	第九届"雁门清高杯"营销策划大赛
2012	第十届"娃哈哈杯"营销策划大赛
2014	第十一届"振东杯"营销策划大赛
2016	第十二届"富思特杯"营销策划大赛
2017	第十三届"梁汾醋业杯"营销策划大赛

2. 山西财经大学管理案例大赛简介

山西财经大学管理案例大赛，也是学院为实践"学校学习 + 企业实践 + 学生自我锤炼"的人才培养模式，有效开展大学生实践训练与素质拓展，继营销策划大赛之后，面向全校大学生开展的以工商管理专业学生为参与主体的另一项管理实践技能竞赛活动。管理案例大赛始于 2008 年，从 2019 年开始，改名为"创新创业与管理案例大赛"，在研究探讨企业管理相关问题的基础上，增加创新创业的内容，使学生更多思考和关注与创新创业有关的企业管理实践。历届管理案例大赛名称如表 9 - 2 所示。

表 9 - 2　　　　　　　山西财经大学历届管理案例大赛一览

年份	大赛名称
2008	第一届管理案例大赛
2009	第二届"蓝海杯"管理案例大赛
2011	第三届"双合成"管理案例大赛
2012	第四届"梅森凯瑟"管理案例大赛
2013	第五届"同至人杯"管理案例大赛
2015	第六届"云购全球杯"管理案例大赛
2019	第七届"李源堂杯"创新创业与管理案例大赛

工商管理学院从 2008 年起在全校范围内举办管理案例大赛，至今共举办 7 届。大赛涉及企业发展变革和管理问题，学生可利用各学科的专业

知识进行分析和研究，解决企业面临的问题，为企业的未来发展提供富有建设性、创新性和可行性的解决方案。大赛举办的目的在于引导学生积极了解企业，培养他们对企业发展敏锐的观察力、对企业管理问题的洞察力以及准确把握市场的能力，培养学生创新思维和创新创业能力，激发学生的学习兴趣和热情，真正让学生把理论与实际结合起来并转化为实践成果，增强学生的就业竞争力。同时赞助企业在与学校合作的过程中也极大提升了企业自身的知名度和美誉度，并获得了极具参考价值的决策方案，为企业经营管理提供了重要决策参考价值。

（二）山西财经大学营销策划与管理案例大赛的赛程赛制

山西财经大学营销策划大赛与管理案例大赛目前已形成一套完整的执行方案，概括起来主要有六个阶段，如图9-1所示。每个阶段的具体赛制安排简介如下：

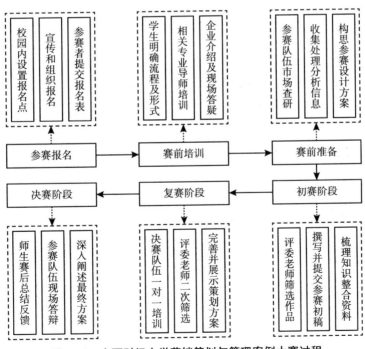

图9-1 山西财经大学营销策划与管理案例大赛过程

1. 参赛报名

首先在校园内设置报名点，进行宣传与组织报名。大赛面向山西财经大学在校注册的本科生及研究生，有报名意向的同学需要自行组成参赛队伍，以工商管理专业学生为主，团队人数为 4 ~ 6 人（5 人最佳）。可跨专业组队，可通过线上线下两种方式参赛报名。作为全校性质的大赛，为了吸引更多的师生关注和了解，工商管理学院分团委和学生会利用多种渠道，采用线上线下的形式进行为期一个月的报名宣传活动，吸引优秀的学生报名参赛，从源头上提升大赛的质量。

2. 赛前培训

在赛前培训阶段，由相对应的专业导师对报名选手进行大赛参赛培训，从大赛背景、比赛细则、策划写作设计与规范、注意事项等方面具体讲解，使学生对竞赛的形式和要求有一个充分的认识。同时邀请企业高管与专业人员为参赛者介绍企业现状、战略目标、产品信息、未来诉求及其他相关情况，并针对参赛者提出的问题进行现场答疑，为参赛者更好地做出策划方案进行前期准备，有助于提升策划方案的针对性。

3. 赛前准备

这一阶段要求各参赛队伍通过企业实地调研、资料查阅、市场实地考察等多种形式开展企业市场调查活动。利用问卷调查、焦点小组访谈、二手数据收集等方式，系统、客观地收集、处理、分析和解释有关市场信息，充分了解企业经营管理现状，了解企业产品的生产销售过程、管理流程、品牌定位、传播痛点等问题，为方案的设计做好基础工作，做好赛前准备。

4. 初赛阶段

在初赛阶段，各参赛队伍要在规定的时间内完成资料收集与整合，在市场调查的基础上，设计方案，并最终完成策划书的初稿。评委老师从文案的规范性、逻辑性、可行性、创新性等方面进行评价，每位老师分别对文案逐一打分，汇总分数后进行排名，选出入围复赛的队伍。

5. 复赛阶段

这一阶段，选手们需要继续完善策划书，制作 ppt 文案。由组委会组织包括企业代表在内的评委根据选手对文案的介绍进行第二次筛选，选出可以晋级决赛的团队。为了让学生适应比赛的紧张气氛，了解比赛的流程和规则，进一步完善 ppt 文案，专业教师们会对进入决赛的队伍进行一对一培训和指导，让参赛队伍更加明确存在的问题，增强参赛队伍进入决赛的可能性。

6. 决赛阶段

决赛以现场展示和答辩的方式展开，各参赛团队在专业老师指导后，在决赛现场进行 ppt 展示，现场向评委及观众阐释自己的方案，并回答评委的问题。决赛评委包括企业高管、外请相关专家和山西财经大学资深营销与管理专业老师等，评委老师会根据自己的知识背景从专业角度，对方案的针对性、可行性、创新性，参赛学生的现场表现等方面进行点评，根据每支参赛队伍的现场表现给予评分。

（三）"以赛促教、以赛促学"对实践型人才培养模式的优化机制

竞赛与常规教学活动和其他实践教学环节相比，周期较长，实施难度高，师生的时间和精力投入多，对师生的综合素质和能力都提出了更高的要求。学校举办的各种大赛是短时间内提升师生专业水平的重要途径。"以赛促教、以赛促学"的实践教学模式对实践型人才培养模式的优化机制见图 9-2 所示。具体来说，通过参赛，教师可以提升基于实践导向的专业知识理解、运用和整合能力，进而培养学生树立打好理论功底的意识以及发现问题和解决问题的能力，培养高端管理应用型人才；通过竞赛，可提高指导教师的实践教学能力，并将大赛的考点转化为教学内容，达到"以赛促教、以赛促学"的目的，提升工商管理专业人才的培养水平，进而优化高校实践型人才培养模式。

1. 以赛促教：教师能力提升

（1）理论应用能力。营销策划与管理案例大赛能促进教师知识结构优化，完善自身知识系统，提高教师的专业素养和理论分析能力。大赛是以某个企业或品牌为背景去解决具体的实践问题。在大赛的各个环节，教师会遇到学生提出的各种各样的问题。为更好地配合各项大赛的进行，使参赛学生取得较好的成绩，教师必须弥补知识陈旧、实践能力缺乏的短板。不

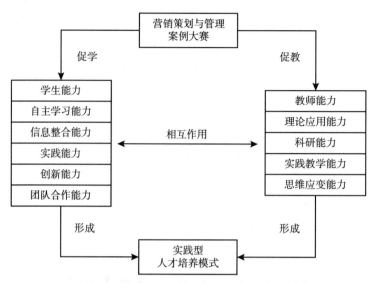

图 9 – 2　营销策划与管理案例大赛对实践型人才培养模式的优化机理

仅要对市场和行业发展、企业背景、产品现状等有全面透彻的了解，还要对专业知识进行系统的梳理，并将各门专业知识融会贯通，灵活运用，从而为学生提供针对性的竞赛辅导，解决具体的实践问题。此外，指导教师通过与其他教师之间的交流和对比，可以清楚地发现自己在专业知识和技能上的短板。年轻教师与资深教师通过相互配合、相互学习，取长补短、拾遗补缺，实现自身学科知识内容和结构的再优化，丰富自己的知识储备。因此，指导教师通过指导学生参加比赛能够有针对性地提升自己的理论分析能力。

（2）科研能力。营销策划与管理案例大赛搭建起科学研究的平台，为教师提供了实践层面的科研素材。一方面，教师在指导大赛的过程中对每个难点的攻破就是一个积累的过程，教师在指导学生的过程中相互学习、共同提高，知识和经验的相互渗透和补充使得指导教师的专业素养提高得很快，这在教师日常的教学和科研中发挥着重要作用；另一方面，在学生参与比赛的过程中，教师主要起到引导和带动的作用，很多环节需要教师亲身参与其中，在这个过程中教师也积累了丰富的实战经验和企业资源，教师对实践过程方案和方法甚至对企业调研发现的问题都可以整理成理论体系，并将其作为课题和论文研究的出发点，提升自身科研能力。因此，教师通过指导比赛能让其科研工作与社会实际经济活动联系得更为密切，强化应用研究能力，达到用理论知识指导实践，实践促进理论知识完善的目的。

（3）实践教学能力。营销策划与管理案例大赛拓宽了教学的范围，使教师超越了课堂教学的禁锢，提升了实践教学能力，有利于教学质量的提高。首先，大赛有助于教师将理论教学和实践教学有机结合，强化理论教学和实践教学的契合度，使理论教学和实践教学成为一个相互促进、有机统一的整体。大赛需要指导教师具有开放的思维、开阔的视野，善于求异求新，能将行业和企业的最新信息及时传递给学生，并尽可能帮助学生将知识和思想下沉到实际行动，实现学生从理念创新到实践探索的跨越。其次，大赛有利于教师联系企业，以理论指导实践，在实践中总结归纳教学成果，从而完善和深化理论，提升教师的教学能力，最终达到教学质量的提升。同时大赛激发起学生对知识技能的需求，促使教师不得不在实践的同时，改进自己的教学内容和教学方法，不断提升自身的实践教学能力。此外，教师为了更好地参与比赛，往往要深入高等院校、企业、市场，学习和收集最前沿的技术以及接受全新的理念，并作为一个新任务进行探索研究，以便更好地对学生进行培训指导，也在客观上促进了教师结合企业管理实践，与时俱进、突破自我进行学习和研究的主动性，提高自身的实践教学能力。总之，以营销策划与管理案例大赛为载体进一步完善实践教学体系，使教师获得了实践教学能力的提升。

（4）思维应变能力。良好的思维应变能力需要丰富的知识与长期的实践，大赛一定程度上能提升教师的临场应变能力。指导效果的好坏受教师逻辑思维方式的影响，因此大赛不仅要求教师具备全面的理论知识，过硬、扎实的技能技巧，更需要教师针对学生的问题能迅速地思考，快速组织语言传达给学生。在对学生进行专业培训时目标要明确，表述清晰流畅。因为从教师的说话方式可以了解到教师思维能力的快慢，如果教师思维敏捷，就能快速组织语言，用准确的词语表达自己的观点和看法。学生通过教师有层次、逻辑清晰的语言，就可以知道教师的思维方式，这就对教师的应变能力提出更高的要求。同时，大赛也需要教师能因材施教，具备灵活多变的指导水平，解答学生提出的问题，这样才能全方位地指导学生的学习和实践。此外，在一些竞赛的现场答辩环节会发现，教师提出的问题带有很大的随意性，抓不到重点，一定程度上降低了比赛的质量，这就需要教师能根据参赛队伍的展示内容快速整理思路，提出关键问题。

2. 以赛促学：学生能力提升

（1）自主学习能力。大赛以实际任务驱动，大大提高了学生的学习兴趣，激发了学生独立思考的潜力，培养和提升了学生多渠道自主学习的能力。在大赛中，参赛者要做出高质量的策划方案并完成答辩，单纯依靠课堂学习已远远不够，他们还要根据大赛中遇到的具体问题主动与企业、指导老师进行沟通交流。主动查阅各类文献资料，通过线上线下各种渠道主动学习，培养自己发现问题、分析问题的能力，设计方案去探索解决企业实际中存在的问题。通过竞赛，可以发现学生的学习积极性普遍比课堂教学环节要高，对知识的接受度也比较高。具体体现为：每个参赛队伍在撰写策划书过程当中，边学边做，能将抽象的理论知识与具体实际问题联系起来，掌握市场调研、市场分析、市场细分、目标市场选择以及市场定位、竞争分析和根据目标制定策略以及财务分析等内容。在安排文案结构以及掌握理论知识内容的过程中产生更多的思考，提升了学生对知识的理解；将各个课程融合起来整合学科知识，完善了知识框架。大赛能让学生更加认真地投入学习，更好地调动学生自我学习、自我思考的积极性，让学生主动弥补课堂教学的不足，达到"学习—检验—再学习"的效果。

（2）信息整合能力。在大赛中，参赛者需要搜集大量信息并进行整合，有根据地策划方案，加强了信息筛选和资料整合能力。面对纷杂、碎片化的信息来源，社会对学生的信息整合能力的要求越来越高。信息整合能力是指人们将各种信息进行筛选分析、优化组合、综合利用、加工创新和创造的一种能力。在赛前准备和初赛阶段，大赛要求参赛者能够运用科学的市场调查方法，通过课堂、互联网、各类文献数据库、实地调研等渠道快速获取所需信息，并系统、客观地甄别、处理、分析、解释和整合加工有关的信息，既要保证信息的质量和真实性，又要对信息进行高效整合，进而撰写策划方案以帮助企业做出有效的生产、管理、销售等决策。

市场调查方法应设计合理，逻辑性强；调研结果分析也要深入，逻辑清晰，并能针对问题提出建设性意见。整个比赛流程下来，学生能较系统地掌握相应的专业知识和调研技术、技巧，建立严谨和完善的知识体系和思考模式结构，锻炼学生的信息整合能力。

（3）实践能力。营销策划与管理案例大赛是一种典型的在实践中学习的实践教学模式，能提高学生的实践意识，使实践与尝试变成学生的自觉行动，提高学生的技能水平。通过参加这类大赛，学生能将课堂上学到的抽象的相关理论知识与实际营销和管理活动进行有效结合，完成从理论到实践，再从实践到理论的升华。学生课程学习的目标更加明确，技能更加娴熟，更重要的是对营销和管理产生了深厚的兴趣，加深学生对营销和管理的理解，激发起自己的学习热情。学生在参赛过程中，通过与竞争对手的比较能发现自己知识和能力的不足，进而有针对性地弥补自己理论知识及能力方面的短板。大赛不仅增强了学生的实践操作技能，而且能让学生走出校园深入 "微社会" 中体验和交流，既拓宽了专业知识的广度，又增加了社会知识的深度。所以，大赛能够帮助学生了解商业环境的真实面貌，体验企业竞争，直面消费者，也能够在比赛的真实情感中提升职业素养。

（4）创新能力。大赛鼓励学生大胆提出创新性的想法，寻找新思路，培养学生的创新意识，激发学生的积极性、创造性。创新教育理论认为，创新潜能是每个正常人都具有的，创新潜能是可以进行开发的，是可以通过学习、实践而被激发出来并转化为创新能力并逐步得到提高的。在传统的高校教学中普遍存在重视理论教学，而实践教学不足，造成理论与实践相脱离，学生的创新能力较差的问题。因此，通过比赛的方式学生可以开动脑筋、拓宽思路，充分发挥创造力和想象力，自发地、主动地运用所学知识来研究问题和提出解决方案，使创新意识得到加强，并培养创造性思维及主动学习、独立研究的能力。比赛要求学生在参赛中要打破思维惯性，形成创新的思维模式，学会在实践中发现问题、提炼问题、概括问题，学会独立思考和举一反三，提出解决方案，更好地培养自己对营销和管理深层次的认识，同时运用新知识解决新问题，发现解决问题的新思路、新方法。通过参赛，学生能更好地培养自己的探索性、批判性以及创新性思维能力，开阔视野，不断尝试理论与实践创新，增强了专业学习的前瞻性。

（5）团队合作能力。学生能在竞赛的真实环境中不断培养同舟共济的团队合作精神，提高组织、协调、领导、沟通和表达能力等。竞赛往往需要解决复杂的现实问题，因此，学生必须组队参加，并且团队成员要经过长期反复的讨论、沟通，分工协作，最终形成较为完善的方案。团队合作精神是一个团队不断向上的动力，它能促使学生更好发挥整体的作战能力，借助团队的力量协力突破困难，实现团队的最大效能，在团队成员讨论过程中能够很好地开发学生的发散思维和批判思维。在赛程中，团队成员集体观念淡薄、懈怠、积极性不高、意见不统一等问题时有发生，这就要求团队队长有较强的责任心、全局观念以及领导管理能力，激励团队成员，在遇到问题时发挥团队成员作用，做出合理的决策，提高团队凝聚力。此外，鼓励不同专业的学生组队参赛，很大程度上打破了专业局限性，大家集思广益，为团队带来多方面的知识储备，同时成员们能彼此学到更多的专业知识和技能，更快更好地发现自身的优势与不足。

此外，管理案例与营销策划大赛也能提升学生的应变能力。在大赛的整个过程中，需要参赛者拥有良好的心理素质，养成事先策划、周密计划的习惯，增强自己的应变能力。在决赛阶段非常考验学生的随机应变能力，他们必须熟悉所讲的内容，并能够从容应对评委提出的问题，锻炼了学生现场答辩的反应能力。

三、山西财经大学营销策划与管理案例大赛的管理启示

（一）深化"以赛促教，以赛促学"的教学模式

竞赛工作能否顺利进行并取得良好成绩，领导的重视以及扎实的组织工作是前提。目前，虽然"以赛促教、以赛促学"的模式已经在高校中推广，并取得一定的成效，但是仍然可以看到，有些学校对于"以赛促教、以赛促学"的重要意义认识不足，缺乏重视，未建立起相匹配的竞赛管理方案。同时，学校行政部门、相关指导老师、院系和学生之间的配合还不

充分。高校的教学管理部门应当更加重视"以赛促学，以赛促教"平台搭建，通过各种方式，提供相应的竞赛支持，调动学生的竞赛积极性。通过学校网络、信息平台、宣讲会等方式积极宣传比赛相关信息，以便更好地激励学生参加竞赛。

（二）加大"双师型"教师队伍建设力度

教师的积极支持和辅导是竞赛活动的质量保障，要促进"以赛促学，以赛促教"教学模式在高校中的发展，应该优化师资队伍的建设，组建高素质"双师型"教师团队。竞赛具有自主性、综合应用性、创新性等特点，对教师提出了更高要求。教师的专业知识够扎实，那么在对学生进行教学以及指导时则更加专业。因此，教师必须时刻注重自身教学和专业技能的"充电"，以不断适应专业教学跟随社会发展的需要。各高校应鼓励教师参与各类赛事的教师指导交流会议，鼓励教师深入企业调研和走访，积累实践经验，不断完善自身的专业知识，努力为教师深入市场和企业提供机会和制度保证，从而不断提升和优化师资队伍。在以专业教师为主导的指导老师团队之外，可以聘请合作企业的管理人员进入校园，为学生进行动员和宣讲，在比赛中也可以充分利用校内资源，邀请相关专业老师参与辅助指导，如电子商务、国际贸易、财务管理等其他经济管理专业教师，再如广告设计和视觉传达、传播学等专业教师，都能对竞赛提供具有技术性和实用性的指导（鲁汇、陈子清，2017）。

（三）建立全面的师生评价和激励机制

全面的竞赛评价和激励机制是保证实现"以赛促教、以赛促学"实践教学效果的基本条件。首先，竞赛活动的主体是学生，激发学生的参赛热情和积极性可以有效推动竞赛的发展。学校应根据学生在比赛中的全过程进行全面的评价，结合不同级别的比赛设置不同级别的奖励，在竞赛中不以结果作为最终评价，应根据学生在各方面能力的体现作为评价的准则。对学生的奖励要以精神奖励与物质奖励相结合的方式进行，在给予学生物质奖励的同时，使学生的大赛成绩与课程实训挂钩，在学分设置上能够适当转换，加强学生参赛的积极性。同时，学科竞赛活动离不开指导教师的参与和辛苦付出。教师在指导学生参加学科竞赛的过程中，在教学实践中不断探索，付出了大量的时间和精力，也应给予教师物质和精神上的激励，比如对指导教师年终考核和职称晋升等方面给予政策倾斜，让教师愿意把时间投入到大赛指导工作中来，激发教师加强实践教学的创新（汪澜，2018）。

（四）构建立体化的竞赛辅导机制

为了使学生在学科竞赛中得到全方位的锻炼和提高，并取得较好的成绩，教师应加强对学生的辅导，构建立体化全方位的竞赛辅导机制。首先，建立多层次的学科竞赛机制。为了更好更快地帮助学生成长，设置从院赛、校赛、省赛、国赛到国际赛不同层级的比赛机制，通过参与不同层级的比赛不断强化学生解决实际问题的能力。同时，构建与多层次学科竞赛相匹配的阶梯式的竞赛辅导机制。结合各层次学科竞赛的目标和难易程度，设立与之相匹配的针对性的学科竞赛辅导机制，开展基础辅导、提高式辅导、专题辅导和一对一辅导等进阶式辅导，使学生从专业知识到专业能力再到专业素养得到多方面提升（汪澜，2018）。

（五）重视赛前赛后的各项工作

首先，应充分做好竞赛的赛前准备工作。在校园中营造良好的竞赛氛围，加强对竞赛的宣传，让更多的学生了解赛事、关注赛事。比如在学校官方网站发布相关学科竞赛信息，在校园及学生生活区制作竞赛宣传海报和条幅，提高学生对赛事的关注度，让更多的学生了解赛事、参与赛事。组织往届的优秀参赛学生进行经验分享，通过为参赛学生提供指导和帮助，提高比赛的质量。组织学科竞赛的负责教师结合学科竞赛的要求积极帮助学生联系相关企业，为学生搭建学校与企业的桥梁，为学生参赛提供支持（汪澜，2018）。并且鼓励企业专家与管理者参与大赛评审工作，从真正意义上实现校企互动。此外，学校应做好服务者与支持者的工作，学校主管部门应当在赛后给予指导教师和获奖学生物质奖励支持与精神鼓励。

其次，赛后指导教师和学生都需要及时总结竞赛中所积累的经验，不只关注结果，更应关注过程中的收获和反省。努力做到以赛促教、以赛促学，更好地引导实践教学。比赛结束不代表教学的终点，应该及时组织指导老师和参赛学生进行交流和总结，尽可能让每一名参赛选手撰写参赛心得，以小组为单位形成小组参赛心得，各组的成员主要围绕在参赛过程中的经验与教训等进行集体交流和总结，形成本次大赛的参赛心得体会。学生通过总结进一步巩固所需掌握的知识、技能、方法，以更好地为下一次比赛做准备。同时各指导教师将自己的带队心得，以及在答辩现场的交流学习内容整理成书面文件，供日后参赛的学生学习。教师通过总结为以后的教学环节积累经验，不断提高自身的教学水平（程凤英，2017）。

总之，"以赛促教、以赛促学"的实践教学模式不仅能促进教师开展教学实践、教学研究和深化教学改革，提升高校教师的教学质量及专业素养，而且学生通过积极参加各种竞赛，可以完成一系列任务，包括解决问题、规划任务、团队协作、自我管理、积极创新等，为未来成为企业家和职业经理人做好知识、素质和能力的储备。各高校应形成一个教学与竞赛活动互为促进的良性循环系统，不断推动实践教学体系的改革和创新，深化"以赛促教、以赛促学"教学模式长效机制的建立，以竞赛促进教学质量提高，检验教学水平，进一步规范教学评价标准，完善教学质量监控体系和教学评价体系，同时也要加强常规教学管理，持续提升教师技能水平、教学水平，从而有效培养学生的创新思维、实践能力和团队合作意识。

第十章
"1+3+6" 人才培养模式的 ERP
企业沙盘模拟实验课

山西财经大学工商管理专业是以培养新时代与资源型经济转型所需企业家和职业经理人为使命，承担着为社会输送符合企业家和职业经理人工作需求的人才的责任。因此学生必须学习和企业经营相关的理论知识和方法，同时在实践中培养新时代与资源型经济转型所需企业家所具有的能力和素质。ERP 企业沙盘模拟实验课正是一门符合培养新时代与资源型经济转型所需企业家和职业经理人综合素质和能力要求的课程。2003 年，"ERP 企业沙盘模拟"实验课在山西财经大学开设试点班，2004 年开始，"ERP 企业沙盘模拟"课程成为工商管理专业的公共选修课，2008 年成为工商管理专业的核心课程。

一、工商管理专业 ERP 课程教学现状

工商管理专业的 ERP 课程面向大三或大四学生，安排在第 6 或第 7 个学期开设，这个年级的学生已经学习了管理学、战略管理、市场营销、会计基础等相关课程，已具备企业管理的相关知识积累和储备，此时开课更有利于学生进行专业知识的梳理和应用。课时安排是 48 课时，一周连上 4 节课，一共上 12 周。具体教学计划如表 10 - 1 所示。

在 ERP 沙盘模拟实训中，学生分为 8 个小组进行分组模拟企业经营，模拟的 8 家企业是在同一个市场环境下具有互相竞争关系的企业，各企业按照统一的运营规则，借助物理沙盘进行企业之间的模拟对抗经营，物流沙盘类似军事沙盘，有模拟企业生产车间、仓库、生产线、现金、贷

表 10-1   山西财经大学工商管理专业 ERP 课程教学安排

周次	教学课时	教学安排	教学重点和难点
第1周	4	沙盘规则介绍、学生分组及企业创办	重点：讲解运营规则
		教师指导进行企业运营初始年的运营	难点：熟悉规则及运营流程
第2~7周	24	1~6年的企业模拟运营	重点：熟悉规则，顺利运营
			难点：掌握规则，编制预算，并根据实际情况调整预算，灵活运营
第8~12周	20	金蝶 ERP 软件的操作 用友 ERP 软件的操作	重点：熟悉 ERP 软件的操作流程
			难点：熟练使用 ERP 软件处理模拟企业经营业务

款、再制品和产成品等实训工具。8家企业通过直观的企业沙盘，逼真地模拟企业实际运行的流程和状况，小组成员之间通过互相配合，并对资源进行有效的整合，以达到抢占市场份额，战胜竞争对手的目的。

ERP 课程包括两部分内容：沙盘模拟实训和 ERP 软件操作，其中沙盘模拟实训是课程教学的重点内容，具体教学安排如表 10-2 所示。

表 10-2   山西财经大学工商管理专业 ERP 沙盘模拟实训教学安排

序号	实训环节	主要内容
1	模拟企业组建	团队组建、角色分配、企业成员分工
2	模拟企业经营环境分析	了解企业初始状态、熟悉市场规则、分析市场环境、分析市场预测
3	模拟企业经营战略制定	企业发展定位、企业整体战略、市场营销决策、财务管理决策、生产经营决策的制定等
4	教师带领初始年的运营	教师指导各企业进行模拟企业初始年的运营
5	模拟企业各年运营	根据战略进行模拟企业的各年度经营，包括投广告、选订单、采购、研发、生产、销售、资金筹集等
6	模拟企业年度财务结算	编制财务报表
7	教师经营结果分析评价	教师根据经验数据进行点评，诊断企业存在的问题，知识串讲

二、工商管理专业开设 ERP 课程的实效

（一）强化了学生的企业经营管理知识应用能力

ERP 沙盘模拟教学一经推出，就以其体验式教学方式成为继传统教学及案例教学之后教学创新的典范。ERP 沙盘模拟作为企业经营管理仿真教学系统是对企业经营管理的全方位展现，通过模拟演练，强化了工商管理专业学生的专业知识应用能力。具体体现在以下几个方面：

1. 战略管理

企业要想在竞争中取得成功必须要有明确的企业战略，具体包括产品战略、市场战略、产能扩张战略、竞争战略以及资金运用战略等。通过 ERP 沙盘模拟演练，学生从最初的战略迷茫、挫折、探索，到学会用战略的眼光看待企业的业务，学会通过评估企业内部资源与外部环境，制定出适合企业发展的长期、中期、短期经营战略，并根据不断变化的市场环境进行动态战略调整。可见，通过 ERP 沙盘模拟教学，可以有效地巩固学生战略管理的理论知识，并能把之前学到的战略管理的理论知识灵活运用到企业经营的实践中，加深了对战略管理理论知识的深刻理解，这将提升学生在实践中对企业战略规划的能力。

2. 生产管理

ERP 沙盘模拟的企业是一个典型的制造业企业，长期以来一直专注于 P 产品的生产，因此生产管理是 ERP 沙盘模拟教学的重点之一。ERP 沙盘模拟教学中把采购管理、生产管理、设备管理、质量管理统一纳入生产管理领域，具体涉及新产品研发、原材料采购、生产管理、生产线扩张、品牌建设等一系列相关生产管理问题，这就促使学生把之前所学到的《生产运营管理》《采购管理》《质量管理》《信息管理》《市场营销管理》等相关理论知识，运用到沙盘模拟的实践经营中，并在实践中加深对生产管理的理论知识的掌握和理解，进而提升其对企业的生产管理能力。

3. 市场营销管理

企业要想把自己生产的产品卖出去，在市场竞争中占有一定的市场份

额，必须重视市场营销管理。在 ERP 沙盘模拟教学中，市场营销管理知识的应用主要涉及如何分析市场内外部环境、关注竞争对手、广告投放、进行新产品开发、制定市场营销战略、定位目标市场、制订并有效实施销售计划，达成企业市场营销战略目标，同时课程涉及如何建立并维护市场地位、必要时做出退出市场的决策等。通过 ERP 沙盘模拟教学可以使学生在制定市场战略规划、销售策略制定与执行能力上获得很好的训练，从而提升学生的市场营销管理能力。

4. 财务管理

在现实的企业经营中，财务部门是一个重要的职能部门，财务管理工作的好坏直接决定了企业经营成败。在 ERP 沙盘模拟教学中，财务管理工作主要涉及如何制订投资计划，评估应收账款与回收期；寻求资金来源与资金需要计划；掌握资金用途，妥善控制资金成本；如何以最佳方式筹措资金，分析财务报表；如何以有限资金转亏为盈创造高利润；编制财务报表、估算投资报酬、评估决策收益等，通过这些模拟经营，可以培养学生筹集资金、运用资金、进行财务分析的财务管理能力。

5. 人力资源管理

在 ERP 沙盘模拟教学中人力资源管理工作包括岗位分工、职位定义、沟通协作、工作流程、绩效考评等。通过 ERP 沙盘模拟企业经营，每个团队成员经过初期组建团队，遵守相应的工作规范，到最后全体成员拥有共同愿景，朝着共同的绩效目标、在彼此信任和支持的氛围下工作，逐渐形成默契达到协作状态，使学生们深刻理解人力资源管理工作如何在实践中开展和应用。

6. 信息管理

在 ERP 沙盘模拟课程中，每个模拟企业都需要与同类型的另外几家企业在同一个市场上竞争，为了在竞争中取胜，各企业都会派出商业间谍打探对手情报，收集竞争对手的战略部署、市场、产品、产能和广告投放等信息，并对所收集的信息进行整理和分析，在此基础上才有可能做出正确的企业战略决策。因此，通过 ERP 沙盘模拟课使学生们真切体会到信息管理工作的重要性，并提升了信息收集、信息分析的能力。

总之，ERP 沙盘模拟教学建立了一个虚拟模拟企业来模拟现实企业的运行，企业运营所涉及的主要内容包括工商管理专业学生学习的几个基本模块：战略管理、生产管理、财务管理、市场营销管理、人力资源管理、信息管理等，因此，通过该课程使学生了解各门专业课程在实际工作中的应用情况，加深学生对专业知识的理解，而且培养了学生将所学知识系统应用于实践的能力。

（二）全面提升了学生的综合素质和能力

在沙盘模拟经营中，虽然各个决策是由不同部门作出的，但企业经营活动却是环环相扣、相互制约与促进的，各部门需强化合作，发挥协同作用，避免各自为政、感性决策。沙盘模拟的主要经营流程如图 10－1 所示，通过模拟运营决策，全面提升了学生的综合素质和能力。

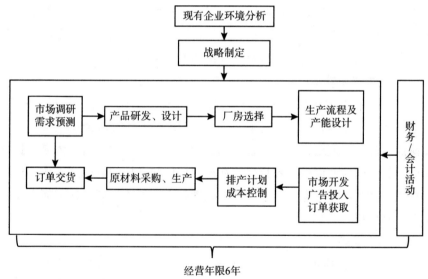

图 10－1　企业沙盘经营流程

1. 培养学生企业管理决策能力

一轮沙盘模拟中会经历二十余个步骤，从投放广告开始到产品生产再到最终销售获得利益，每一步都需要团队成员协作制定策略。具体的管理决策能力表现在：投放广告决策能力、材料采购决策能力、销售产品决策

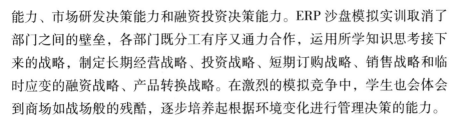

能力、市场研发决策能力和融资投资决策能力。ERP沙盘模拟实训取消了部门之间的壁垒，各部门既分工有序又通力合作，运用所学知识思考接下来的战略，制定长期经营战略、投资战略、短期订购战略、销售战略和临时应变的融资战略、产品转换战略。在激烈的模拟竞争中，学生也会体会到商场如战场般的残酷，逐步培养起根据环境变化进行管理决策的能力。

2. 培养学生团队协作能力

西方著名管理学家、现代管理理论社会系统学派创始人巴纳德把企业定义为"有意识地加以协调的两个或两个以上的人进行活动或为之效力的系统"。由此可见团队协作的意愿是所有企业不可或缺的、首要的普遍要素，因而团队协作能力就成为工商管理类应用型人才的一项必备能力。ERP沙盘模拟课的一个重要特征就是以团队的经营成绩作为评判的标准，任何非凡的个人能力都必须融入团队组织并形成集体合力才能发挥其效能，因而团队协作成为每个企业成员都要面对的问题。ERP沙盘模拟课程一般是5~6人组成一个模拟企业，每个企业的团队成员负责不同的职能部门角色，各职能部门既要各负其责，又要相互协作。团队中每个人都有不同的个性，有保守型，有激进型，还有冒险型，这些个性差异会导致团队成员在面对问题时会持有不同的意见，这就需要与他人进行沟通和协调。因此通过ERP沙盘模拟课，学生们学会了处理不同成员面对企业经营行为有不同意见时，如何在团队中进行沟通，如何说出自己的想法并说服他人来接受，使自己的想法成为被广泛接受的主流观点，最终使团队的每个角色都能各负其责又相互协作，提升了学生个人的协作和沟通能力，从而提升整个团队的协作能力，通过团队协作达到企业持续发展的目的。通过课程实训发现，即使平时性格比较内向，不善言辞的同学，在课程学习之后，沟通和协作的意愿和能力也得到了极大的提升。

企业经营不仅需要各团队成员间的良好协作，企业之间在激励竞争的同时，有时也需要沟通和协作。在模拟企业竞争中，各企业在选单时有时可能会为了一张订单争得头破血流，而此时通过良好的沟通和协调，促使企业与企业之间进行合作就会化干戈为玉帛，可以使学生意识到企业之间除了竞争也是可以合作的，意识到做市场不是独赢而是共赢。因此通过ERP沙盘模拟课可以让学生学会如何以团队的方式工作，有效培养了学生的团队协作能力。

3. 培养学生创新创业能力

管理学中的创新理念是指企业或个人打破常规，突破现状，敢为人先，敢于挑战未来，谋求新境界的思维定式。在现实中企业要持续发展就必须创新，在 ERP 沙盘模拟经营中没有标准答案，各模拟企业要根据市场需求变化和竞争对手的动向，不断采用新思路、新策略、新方法创新生产组织方式、调整企业产品开发与销售、市场分析、融资、生产等方面的策略，以谋求企业利润最大化。ERP 沙盘模拟教学通过变幻莫测的市场模拟演练，提升了学生的创新能力，使学生能够更好地应对市场的发展变化，做出相应的决策。

4. 培养学生诚实守信的品德素质

诚实守信是一个人立足社会，发展自我的基础，同样的对于一个企业来说诚实守信是企业的立足之本和发展之本。在 ERP 沙盘模拟经营中，诚实守信体现在对模拟经营规则的遵守，比如市场开发规则、贷款规则、产能计算规则、生产线规则等具体业务的处理。比如市场开发规则要求市场的开发费用需要平摊到每年，每年只能投 100 万元，不能加速投资。在沙盘实训中学生到底有没有加速投资，老师并不能进行有效监督，只能依靠学生诚实守信地遵守规则。保持诚信是学生立足社会、发展自我的基本素质。在 ERP 沙盘模拟经营过程中，通过学生自我管理与自我约束，培养了诚实守信的品德。

5. 提高学生心理承受能力和抗挫能力

ERP 沙盘模拟是一项极富挑战性的心理训练，大多数模拟企业是在困境中进行经营，它要求参与者具有良好的心理素质和抗挫能力。ERP 沙盘模拟经营是在 8 家企业的竞争对抗中开展的，在竞争中有成功的企业必然就有失败的企业。ERP 沙盘模拟变数很大，可能会出现很多事前无法预想到的情况，面对模拟企业经营失利和困境，学生要学会调整心态、敢于面对困境，心平气和地寻找对策、解决问题。面对困难，学生要学会做到不急躁、不气馁，变坎坷为通途，信心、决心、耐心是企业扭亏为盈、获得竞争优势、取得经营成功的必备心理素质。通过失败的体验，有利于学生抗挫能力的培养。

三、工商管理专业 ERP 课程教学中发现的问题

(一) 沙盘模拟经营规则复杂，学生初期无法完全掌握

ERP 沙盘模拟经营中涉及很多规则，一般在第一次课上，需要花费 2 ~3 个课时来进行规则介绍。由于经营规则比较复杂且内容较多，教师在讲解时，学生普遍感觉比较无聊，没法提起学习兴趣，学生学习的效果并不好。且 ERP 课程采取的是一周集中上一次课的授课方式，到学生们进行第一年的企业模拟经营时，时间已经间隔了一周，前面讲过的规则学生们几乎都忘掉了，更不用提熟练掌握规则来进行企业经营了。通过对 2019~2020 学年第二学期参加 ERP 沙盘模拟实验课程的工商管理专业学生进行调查，发现其中 75% 的学生表示在前两年的企业模拟经营中对规则不熟悉，

当学生开始自主经营，发现遇到各种问题时，很多学生不善于自主学习，也不愿或不敢向老师询问，于是开始按照自己的理解想当然地去做，从而导致后续几年的经营失败，由此增加了挫败感，逐渐失去了对课程的兴趣。

原因在于 ERP 沙盘模拟经营的规则数量较多而且复杂，对于没有企业实践经验的学生们来说很难一下子全部理解，而且由于 ERP 总课时有限，任课教师也只能在有限的课时内针对规则本身进行讲解，没有时间对规则的应用展开来讲，这严重影响了后续的企业模拟经营的速度而且会导致学生在经营中频繁出错。

(二) 学生岗位角色固定，不利于学生综合素质的培养

ERP 沙盘模拟实验教学是把学生分为 8 组，每组 6~7 人，分别承担 CEO、财务总监、生产总监、采购总监、信息总监、市场总监的职位，每位学生从这 6 个角色中选择一个角色进行分工合作，整个过程每个学生的角色定位保持不变，每个学生只负责完成自己角色的任务。

而且学生在选择角色时具有很大的随机性，这种固定角色方式使得学

生无法充分体验自己角色以外的其他岗位的工作，在学习过程中也只需要学习和了解了自己角色的相关知识，只锻炼了自己角色的工作能力，不利于学生综合能力和素质的培养。

（三）缺乏复合型师资团队

ERP 沙盘集采购、生产、销售、财务等一系列理论知识及技能为一体，要求 ERP 课程教师既要具备企业经营管理方面的专业知识（如会计、财务、生产运营、营销、物流等方面的知识），又要具备一定的计算机操作能力，还要具备生产、经营、管理企业的实践经验，并能将理论与实践融会贯通。目前我校从事 ERP 课程教学的教师能够满足以上条件的很少，课程基本上是由四个学院的专业教师共同授课，既不利于学生从整体上系统掌握课程所涉及的专业知识，又不利于对课程进行深入教学研究。

1. 教师缺乏企业实践经验

ERP 沙盘模拟课与工商管理专业其他专业课程不同，它是按照现实中企业运营的基本模式设计的，是一门实践性很强的课，在理论知识讲授的基础上，重在强调学生业综合素质和综合能力的培养和提高。

这就要求 ERP 任课教师拥有企业实践经验。而目前我校绝大多数的青年教师一般都是博士毕业以后到高校工作，从一个校门到另一个校门，往往理论水平较高，而缺乏企业工作或实践的经历，导致授课过程中，不能将模拟经营有效联系企业实践，也无法将企业经营的最新理念、方式、手段应用到课程，显然会影响整个 ERP 沙盘模拟的教学效果。

2. 教师知识结构不够完善

ERP 课程教学涉及工商管理专业的多学科知识，如企业管理、市场营销、财务管理、计算机信息技术等，但我校的教师队伍是来自各个学院的老师，部分老师由于受到专业限制和缺少跨学科研究等原因，导致本身没有系统学习过工商管理专业知识，也缺少系统的培训，所以在从事 ERP 教学时往往从各自的专业课程出发组织教学，不能根据工商管理专业学生特点灵活调整自己的授课计划，强化学生的专业知识，不能满足学生的个性化需求。比如有些教师对财务管理的知识不熟悉，在年末学生所做的资产负债表不能平账而无法继续经营时，教师没有办法帮助学生梳理财务报表，找到其违规或失误的地方，帮助学生发现问题并解决问题，影响教学目标的实现。

（四）教学内容设计忽视理论教学

ERP 课程是一门理论知识学习与提升实践能力密切结合的综合性实验课程，在 ERP 教学中既要重视理论教学同时也要重视实践教学，但是在实际教学过程中，往往会出现重视实验操作而忽视理论教学的现象。从结果上来看，教师淡化了理论知识的学习，导致学生只会照猫画虎地按照老师或别的同学操作，不了解实验操作背后深层次的理论支撑，在决策过程中很难做出科学的判断，进而影响企业最终经营结果，不利于学生系统地学深学透 ERP 课程。出现这种现象的主要原因在于教学内容设计忽视理论教学。

我校目前针对工商管理专业学生开设的 ERP 课程开课时间是大三后半学期或大四第一学期，也就是在大规模的专业课程基本结束之后，学校这样设置课程的目的是为了让学生前期学习相关管理理论知识，建立起相对完整的综合知识体系，随后在 ERP 沙盘模拟课里对这些理论知识进行应用，这样的课程设置是把 ERP 课程定位为一门实验课程，而且教学课时有限，教学内容的设计主要是围绕实验流程展开，在已经学过了理论课程之后，不再在实验课上强调理论教学。然而，学生在上 ERP 课程时会发现，要解决企业经营中的问题，会涉及多个课程领域，需要掌握多门课程的知识，虽然前期学习过这些专业知识，但是各门专业课程的教学目标侧重不同，即使都学过这些课程，也不知道这些理论知识如何在企业经营中进行应用。根据学生撰写的实验报告发现，很多学生将企业经营失败的原因归结为前期专业基础知识掌握不扎实，在 ERP 沙盘模拟课程里面老师只重视沙盘操作规则的讲解，忽略了理论知识的讲解，导致学生在模拟企业经营中不会灵活应用。

四、工商管理专业 ERP 课程的教学改革探索

（一）采用翻转课堂提升规则讲解的教学效果

翻转课堂是一种全新的教学理念，起因是美国的 2 名高中化学教师为

了帮助因病不能到学校上课的学生而制作的网络课堂，后来在"可汗学院"的推广下迅速发展。与传统的教学形式不同，翻转课堂强调适当减少课堂中教师讲授的时间，加大课前和课后学生自主学习的力度，增加学生对学习内容进行商榷与讨论的时间。另外，翻转课堂的教学模式强调团队合作和沟通，让学生在相互协作中完成学习任务，而且这种协作要贯穿课前、课中和课后整个学习过程，这种教学模式非常适合以学生团队合作为主导的 ERP 沙盘模拟实验教学。

为此，我们将 ERP 沙盘模拟课改革为翻转课堂模式，首先创设了一个良好的智能化网络课程平台，利用该网络平台，将 ERP 课程的教学过程设置为由课前、课中和课后三个阶段所构成的过程。

在课前，教师将课堂教学 ppt、沙盘模拟经营规则讲解视频、课程其他相关视频、实验任务和教学要求等教学内容全部发布于平台。学生要利用课前时间到该网络平台进行自主学习。在课中是知识内化使用的过程，学生在模拟企业的经营中进行组内交流、组间协作。当遇到了问题，首先自己想办法解决，如果自己解决不了就进行小组讨论解决，如果小组解决不了就请教老师。在课后，学生可以把课后作业上传至该网络平台，教师及时进行反馈评价。

这样上课时教师就不再对规则进行逐条介绍，节省了上课时间，教师可以组织学生进行相关问题的讨论和答疑，大大提高了规则讲解的教学效果。

（二）采用轮岗制演练模式，培养学生经营管理综合能力

以往沙盘模拟实验教学中每个学生的岗位角色是固定的，一旦选择好就不会再变，这种方式不利于学生充分体验企业实际运营中每个岗位的任务，不利于学生综合素质和能力的培养，这也不利于学生发现自己最适合的职能岗位，导致无法发挥出自己的优点和特长。鉴于此，我们在教学改革中采用了轮岗制演练模式，让每组 6 名同学不断交换岗位反复演练，这种轮岗制的好处是：一方面，通过轮岗锻炼了学生的综合能力，提升了其综合素质；另一方面，有利于学生发现自己的长处，能较容易找到适合自己特长的角色，有利于其未来就业定位。同时由于小组成员之间互相交换

岗位角色，可以体会到不同职能岗位工作的难易，这样比较容易使每个成员理解小组其他成员的不易，更有利于培养学生团队精神和整体观念。

（三）注重培养具有复合型知识和实践经验的 ERP 教师团队

1. 加强校企合作，积累教师的实践经验

我们的 ERP 沙盘模拟实验室主要是和 ERP 开发商用友公司和金蝶公司合作，开发商主要是帮助解决相关技术设备的问题。从改革方向来说，正在考虑除与开发商合作以外，还可以与山西知名企业合作共建 ERP 沙盘模拟实验室。

一方面，鼓励教师到合作企业进行参观或兼职，教师进企业可以深入企业生产管理第一线，接触企业的工作流程，获得企业实际案例，使理论知识在应用于实践验证的同时，促进教师实践能力和教学水平的提升。另一方面，考虑聘请企业（行业）的专家或技术人员作为兼职教师，参与 ERP 课程教学计划、教学大纲、综合实训计划等教学资料的编写，确保所开设的 ERP 课程实训更接近现实应用；邀请他们定期或不定期到学院给专职教师、学生开展知识讲座或技术指导，普及相关实践知识；邀请他们参加 ERP 沙盘实训指导及 ERP 沙盘对抗，及时对对抗结果进行点评、剖析。通过与企业的专家或技术人员合作编写课程资料与合作授课，积累教师的实践经验。

2. 加强教师培训，组建和培养具有复合型知识的教师队伍

因为 ERP 课程是一门跨学科、跨专业的综合性课程，注重知识和技能关联性教学，所以必须组建一支与课程知识能力体系配套的稳定、过硬的教学团队。在全面剖析工商管理专业人才培养方案和专业建设方案的基础上，从校内的各个专业、知名企业、ERP 软件供应商等处聘请相关人员组成一支知识结构、学历结构、年龄结构合理并高效的 ERP 教学团队。

ERP 教师团队组建好以后，为了提高教师的授课水平，还组织教师进行不定期的培训。培训主要针对 ERP 课程涉及的专业知识，使教师持续不断地加强各个学科知识的学习和延展，并经常性组织教学研讨，增强对 ERP 课程知识体系的整体把握，使授课教师在丰富自己的知识结构的基础上，不断调整授课内容，实现对学生综合能力的培养的目标。

（四）重构教学内容体系，平衡理论课时与实验课时

由于 ERP 是一门综合性的交叉学科，教学内容涵盖了市场营销、企业战略管理、供应链管理、生产运营管理、物流管理、财务管理、会计学、人力资源管理等多门学科。针对课程设计中忽视理论课教学所导致的学生理论与实际操作脱节，影响课程效果的问题，为了平衡理论教学与实践教学的课时分配，基于"目标设定，模块分解"的教学设计思路，结合工商管理专业培养新时代与资源型经济转型所需企业家和职业经理人的培养目标，以 ERP 理论知识、模拟企业业务流程为主线重构了教学内容体系。重构后的教学体系共分为六大模块：ERP 基本理论知识模块、生产运营管理模块、供应链模块、财务模块、人力资源管理模块、ERP 系统实施与评价模块。

由于课时有限，对于重复性的理论知识点在课堂内略讲或者不讲，重点讲述该课程与其他专业课程之间的理论衔接，以及重点讲述理论知识如何在企业模拟经营中应用。对于学生前期的相关的专业课程所学的理论知识没有认真学习，理论知识掌握的不扎实的问题，主要采用翻转课堂的教学模式来帮助学生复习。在课前，教师将课堂教学 ppt、ERP 相关理论知识讲解视频、实验任务和教学要求等教学内容全部发布于平台，并要求学生要利用课前时间到网络平台进行自主学习，并可在平台上进行学习效果测试。在课程中，教师重点讲解理论知识如何在 ERP 模拟经营实践中的应用。

重构后的教学内容体系结构合理，平衡了理论教学与实验教学，在模拟经营实践中极大程度整合了学生学习到的理论知识点，增强了学生的学习效果。

第十一章
"1+3+6" 人才培养模式的大讲堂听讲

经济社会发展进入了数字经济与人工智能时代,各方面发生着日新月异的变化,学校教育必须跟上经济社会的快速发展。山西财经大学工商管理专业要培养学生成为新时代与资源型经济转型要求相适应的企业家和职业经理人,更需要培养紧紧把握时代发展的脉搏,与时代同行。作为工商管理专业学生的培养单位,要为学生提供与时代环境紧密联系的平台,除了去企业实践、参加以企业管理问题为导向的大赛等方式,还有一个更为便捷的方式,就是听讲座。因此,山西财经大学工商管理专业学生的人才培养模式中,增加了两个讲座:一是振东管理大讲堂,二是管理智慧大讲堂。

一、振东管理大讲堂的宗旨及其运行

(一) 振东管理大讲堂简介

振东管理大讲堂是由山西振东健康产业集团与山西财经大学工商管理学院共同举办的面向学生和企业界的讲堂。自 2013 年 4 月 19 日首次开讲以来,一直秉持"探寻管理智慧、践行管理人生""服务学科、服务学生、服务社会、服务企业"的宗旨,紧紧围绕"校企合作、协同创新"目标,为学科、学生、社会、企业输送智力资源。振东管理大讲堂每月一讲,每讲 150 分钟。讲座嘉宾均为全国知名的学者和企业家。讲座时间一般安排在课余的周五晚 19:00~21:30,有时会根据讲座嘉宾的时间予以调整。振东管理大讲堂的听众呈现多元化特征,包括本科生、研究生、MBA 学员、高校教师、企业界及社会各界人士。400 人会场,场场爆满,

目前已成为山西省颇具影响力的管理讲座品牌。

（二）振东管理大讲堂讲座内容

振东管理大讲堂的讲座主题主要是企业管理中的热点问题，有新鲜的理论观点，也有务实的企业实践；有理论与实践的融合性探讨，也有实践与理论的碰撞性激荡；有对新时代企业实践的最新解读与跟踪总结，也有对专题性管理问题的重点关注与追根溯源；有艰深的理论思辨，也有通俗的企业故事；有个性化思想观念与独特观点的输出，也有开放环境下的交流和探讨。在企业管理问题以外，也涉及有关时代环境、宏观形势、社会热点等问题的解析预测等。近五年来主要讲座内容如表 11 - 1 所示。

表 11 - 1　　　　　　　近五年振东管理大讲堂主要讲座一览

报告主题	报告人	职务	讲座时间
"互联网 + 区块链金融"：概念、发展现状及应用创新	郭　峰	点亮资本联合创始人	2016 年 4 月
速度为王——新常态、新思维及新趋势	陈忠卫	安徽财经大学副校长	2016 年 5 月
从共享到共创——关于分享经济的思考与探讨	傅　强	智囊传媒总裁	2016 年 6 月
中国企业的战略转型	施　炜	中国人民大学金融与证券研究所研究员	2016 年 9 月
突破成长瓶颈，实现战略成长——以华为、温氏为例	彭剑锋	中国人民大学教授、博士生导师，华夏基石管理咨询集团董事长	2016 年 10 月
工业 4.0 下的管理变革——海尔转型行动路线图	王　钦	中国社会科学院工业经济研究所教授、博士生导师	2016 年 11 月
大数据时代的"互联网 + 物流"的创业之路	罗　鹏	贵阳货车帮科技有限公司总裁	2017 年 3 月
新零售的未来——从传统连锁到共享经济体	颜艳春	富基控股公司创始人、《第三次零售革命》作者	2017 年 4 月

续表

报告主题	报告人	职务	讲座时间
卓有成效的管理:从复杂到简单	李安平	山西振东健康产业集团总裁	2017 年 4 月
互联网创新与人工智能	赵占波	北京大学软件学院教授	2017 年 5 月
擎云精神与英雄主义时代	周长辉	北京大学光华管理学院组织与战略管理系教授	2017 年 9 月
传统产业的智能化之路——酷特的探索与实践	李金柱	酷特智能副总裁、中国产业互联网研究院秘书长	2017 年 11 月
如何及其传统文化中的管理智慧	秦合舫	清华大学经管学院领导力研究中心研究员	2018 年 6 月
"共演战略":复杂环境下从创业到卓越之路	路江涌	北京大学光华管理学院组织与战略管理系教授、系主任	2018 年 9 月
当前国情、省情背景下山西经济发展的思考	苗晋平	北京大学商业经济与管理研究所所长	2018 年 9 月
内创业——企业目标与个人价值的双赢之道	蔺雷	清华经管、美国加州大学伯克利分校哈斯商学院双博士后	2018 年 11 月
解析成功者的心灵——修行	齐善鸿	南开大学商学院"国学与管理研究中心"主任、教授、博士生导师	2019 年 1 月
新时代的产经大势与企业战略升级	王丰	和君咨询董事长	2019 年 3 月
巨变与赋能——互联网时代管理变革与创新	苏勇	复旦大学东方管理研究院院长	2019 年 4 月
企业竞争的破局之道	江南春	分众传媒创始人兼董事长	2019 年 5 月
华为没有秘密——华为文化、机制与管理研究	吴春波	中国人民大学公共管理学院教授、博士生导师	2019 年 9 月
大变局下的中国管理:以英美为师 or 与德日同行?	赵向阳	北京师范大学经济与管理学院副教授、"煮茶问道·本土管理研究论坛"发起人、中国管理 50 人论坛成员、德国吉森大学博士	2019 年 12 月
数字化时代的企业管理创新	戚聿东	北京师范大学经济与工商管理学院院长、教授、博士生导师	2021 年 4 月
如何打造区域品牌——品牌培育与战略定位	李平	万乔定位咨询董事长、中国科学院(重庆)产业专家委员会专家、谭木匠控股前副总经理	2021 年 5 月

振东管理大讲堂的讲座内容不仅涉及一般的企业战略、市场营销、企业文化、人力资源管理等常规管理问题，而且涉及区块链、智能化、新零售、贸易战等社会热点问题；不仅探讨学术前沿，而且探讨实践前沿。每一场讲座不仅有演讲嘉宾的精彩呈现，也有讲堂主持人、工商管理专业宋瑞卿教授的讲后点评。每一次讲座都深受工商管理专业学生期待，讲座中通过听讲和提问互动，讲后通过在课堂学习中与专业知识的融合思考，为学生们开辟了一个开阔视野、激荡思维、启智益思、沉淀知识的高效平台。

二、管理智慧大讲堂的宗旨及其运行

（一）管理智慧大讲堂简介

管理智慧大讲堂是山西财经大学工商管理学院近几年开办的讲堂，已举办数十期。与振东管理大讲堂聚焦管理问题、服务师生与社会的讲座宗旨不同，管理智慧大讲堂是以学生成长成才为焦点，着重于对学生爱国主义、人文情怀的培养，每年不定期举办3~5场。

（二）管理智慧大讲堂讲座内容

管理智慧大讲堂重在对学生理想信念、价值观和民族自豪感的引领教育，讲座形式与振东管理大讲堂一样，既有报告人的精彩演讲，也有讲座主持人的讲后点评。

2018年6月，安永（中国）企业咨询有限公司税务合伙人，中国报关协会特聘专家，《中国海关》专栏撰稿人田舒先生做客工商管理学院管理智慧大讲堂，以"职业经理人的成长之路"为题，以自己的亲身经历为主线，通过分享自己的成长经历引入主题，分别从选择职业经理人、职业经理人的成长之道、基本资质三个方面为学生们分享了自己在职场打拼多年的经验和思考，包括人生的"三个重要选择"（求学、求职、求婚姻）、找工作要注意的"三大要素"（平台、团队、趋势）、职场三大纪律、职场八项注意等。讲座后，学生们就职业选择、能力培养、个人成长等问题与田舒先生所做的沟通交流，为大家规划今后的职业发展、做好当前的学习计划起到了答疑解惑的作用，也增强了学生们面对未来职场的信心和信念。主持人卫虎林院长对学生们提出了四个要求：一是要具有创新精神，二是具有人文精神，三是要有社会责任感，四是要有大爱精神。通过讲座也使学生们强化了面向未来的理想信念。

2019年4月，上海毕越企业（品牌）管理咨询公司总经理乔远生先生做客管理智慧大讲堂，以"数字化时代个人转型"为主题，以自己丰富的阅历为基础，就新时代大学生个人发展问题，特别是数字化时代个人如何定位转型进行了系统分析。提出目前社会发展的一个主要趋势是，行业边界约束逐渐被打破，跨界协同已成为主流，在此背景下，大学生的选择要比努力更重要。大学生要实现数字化时代的成功转型，要经过建立数字化观念、制定职业生涯发展目标、确定数字化学习模式、选择数字化学习方式以及数字化技能的落地5个步骤。在互动交流中，乔远生先生以自己从大学老师到下海打工、从高层白领到独立创业，从国内创业到国外发展的丰富经历，就大学生如何选择未来、成功实现自我等，与同学们进行了交流探讨。卫虎林院长也在总结点评中提出了学生们要能够在数字化时代的大背景下，不忘初心，认清自身定位的要求。使学生们通过嘉宾的现身说法和主持人的总结点评，以先辈为师，坚定了勇往直前的使命感和责任感。

2021年4月，山西财经大学新闻与艺术学院诗人和评论家金汝平先生做客管理智慧大讲堂，以"五四新文化运动与现代中国崛起"为题，回望历史，带领学生们走进了百年前那段后来彻底改变了中国命运的历史岁月。作为中国共产党早期主要领导人的陈独秀，首先是新文化运动的倡导者、发起者和主要旗手，"五四运动的总司令"，他"反对专制，提倡民主"，并通过自身实践成为中国共产党的主要创始人之一；"文坛领袖的君子"胡适把文字当作冲锋的武器，主张"民主与自由"，他用翩翩有礼的气度，和善待人的处事方法，新颖又简洁的白话文折服世人；生不逢时的鲁迅先生，遭受了人生的大起大落，用虚构与现实相结合的手法，将世态炎凉写入人们心中，逐渐改变了人们的情感结构；最早将马克思主义传入中国的李大钊，不仅是一位伟大的革命者和战士，而且是20世纪初我国思想文化界的一位杰出人物。由文学革命开始的新文化运动，是一次彻底的反对帝国主义和封建主义的爱国运动,是中国新民主主义革命的开始。新文化运动和五四运动,为中国共产党的成立,奠定了思想基础和人才基础。1921 年中国共产党的成立,成为"开天辟地的大事"。此后,在中国共产党的领导下,坚持把马克思主义与中国革命实践相结合,坚持走群众路线,一切依靠人民,一切为了人民,走出了一条具有中国特色的发展之路。一百年的历史回顾和反思告诉我们,坚持中国共产党的领导,走中国特色社会主义道路,是历史的必然选择。通过讲座和主持人的点评总结,学生们在"学史明理、学史增信、学史崇德、学史力行"的教诲中增强了民族自豪感和为国家发展承担责任的使命感。

三、大讲堂对工商管理专业学生的教学成效

(一) 开阔眼界,使学生们能够与时代同行

两大讲堂为学生们提供了了解社会的窗口,以不同于课堂学习的方式,在一个一个的讲座主题中,将社会热点事件、新鲜观点和理论知识呈现在学生面前,使学生们可以在象牙塔般的学习环境中,以讲堂为窗口,一窥社会发展中的新现象、新问题和新思路、新观点,并从企业实践的艰难险阻中了解社会发展的曲折与进步,从企业家和职业经理人的理性思考和现身说法中,深刻认识和理解时代环境为工商管理从业者带来的机会和挑战,对外部环境的变化能够知其然并知其所以然,开阔视野,为将来走向社会提供了能够更快适应社会、更有效地做好管理工作的学识基础。

(二) 增长见识,培养学生面向实践的思辨能力

两大讲座的演讲者或者是业界翘楚,或者是学界精英,他们对管理智慧、企业问题和自身职业发展的真知灼见和感悟认知,都是多年研究思考的结果,他们对社会问题的洞察力,观点和思想的穿透力以及对管理问题不懈研究的意志力,还有其中所涉及的有关企业管理的得失成败总结,无不使学生们在鲜活的现实问题情境下,跟着讲座嘉宾深入到对具体问题及其客观规律的思考探索中,与在课堂上学习已有理论知识相对比,使学生

们对管理问题的认识逐渐能够多维度地去思考，更理性地去看待其中的复杂关系，理解现象背后的逻辑，超越对理论知识囫囵吞枣、不求甚解、照单全收的思维观念，培养起面向实践的思辨意识，做知识的主宰者，而不是被知识所奴役。

（三）见贤思齐，强化学生的理想信念与使命感

两大讲座在开阔学生视野、增长学生见识的同时，也会使学生们受到讲座中所涉及的企业家、管理人员和演讲嘉宾的影响。要成为未来的企业家和职业经理人，学生们应受到榜样力量的引导和召唤，会在潜移默化中见贤思齐，以他们为榜样、为标杆，逐渐培养起事业心、责任意识和使命感，不再仅仅局限于对考试成绩的关注、对日常事务的纠结、对个人功名利禄的计较，可以在更高远的理想信念层次上、更广阔的事业发展空间里、更长远的社会发展轨道上，坚定自己的理想信念，为承担更广泛的社会责任，担当时代发展的重任，强化责任感和使命感。

第十二章
"1+3+6" 人才培养模式的国际交流与合作

随着经济全球化和区域一体化的快速发展，世界范围内人才、资金、技术等资源的跨国界流动进一步加快。国家之间的竞争表面上体现的是经济实力，但核心特征是科学技术，而本质反映是高端人才的竞争。优秀、卓越、具有国际化视野的高端人才的多少，往往会在很大程度上影响一个企业，甚至一个国家的发展和壮大。为了国家的富强、社会的进步和千千万万国企、民企的发展壮大，我国的高等教育必须培养出大量优秀的、懂得现代科技和国际管理、具有国际视野和国际竞争力的卓越人才。以培养新时代与资源型经济转型所需企业家和职业经理人为使命的工商管理专业，要培养出具备国际视野、拥有卓越的国际企业管理能力的企业家和职业经理人，担当起培养高素质国际化人才的历史使命，自然责无旁贷、时不我待。

一、工商管理专业建设国际化的意义

(一) 专业建设国际化是社会经济发展的要求

工商管理专业只有与时俱进地走国际化之路，才能使专业的发展水平与区域经济和社会的国际化发展相适应。国际化教育作为专业特色和优势，可以更好地完成人才培养、科学研究、服务社会、文化传承创新以及国际交流合作的重要使命。

随着卫星、光缆、电脑、互联网、物联网等这些现代化的网络科技的发展，经济的全球化和信息传播的跨国界，全世界连成了一个统一的整

体，这为各国高校间科学研究和人才培养的合作交流提供了技术条件，由此带动了教育领域的国际交流与合作，从而形成教育国际化的大趋势。这为工商管理专业国际化进程创造了条件，开辟了快速通道。

工商管理专业以培养企业家和职业经理人为使命，更要以开阔学生的国际化视野和培养学生的国际化能力为主要目标，充分挖掘和利用独特的教育资源，弘扬优良的文化传统，借助国际合作交流的良机，利用国际化的后发优势，加速人才培养的数量和质量，为地方经济和社会可持续发展提供保障和动力。

（二）专业建设国际化是提升核心竞争力的内在需求

为了提升大学的国际竞争力与学术地位，我国正在实施的"双一流"建设，将提升我国大学在国际上的学术地位、实现教育强国作为主要的战略目标。国务院发布的《统筹推进世界一流大学和一流学科建设总体方案》中明确提出："到2020年，若干所大学和一批学科进入世界一流行列，若干学科进入世界一流学科前列。到2030年，更多的大学和学科进入世界一流行列，若干所大学进入世界一流大学前列，一批学科进入世界一流学科前列，高等教育整体实力显著提升。到本世纪中叶，一流大学和一流学科的数量和实力进入世界前列，基本建成教育强国。"

当下，教育国际化已成为衡量高校办学水平的重要指标之一。它要求高等院校充分利用国际教育的资源，促进高等教育的快速发展。"一带一路""科教兴国""双一流建设"等的推进，对我国高校提速国际化进程提出了迫切要求。在此背景下，我国地方普通高校只有面向世界，吸收借鉴先进的教育理念和教育手段，走教育国际化之路，才能够适应世界潮流，跟上时代步伐。

高校是创造知识和传承文化的殿堂，天然具有开放包容的胸怀和品格。在经济活动和人类生活日益走向世界的今天，工商管理专业建设国际化发展战略可以不断提升办学层次，创造更宽、更厚的发展空间和更好、更优的发展条件。通过不断优化专业建设，改革人才培养模式，提升工商管理专业发展的竞争优势，为自身造就一个更具活力、更加开放的发展环境，扩大自身的知名度和影响力，实现专业建设的跨越式发展和可持续性发展。在这个过程中，通过与国外教育机构建立友好合作关系，使得本专业教学学术水平、办学实力不断提高，学科结构不断优化，学校的影响力、竞争力和社会声誉、服务区域不断扩大，从而形成独特的竞争优势。

二、山西财经大学工商管理专业建设国际化的理念与措施

（一）工商管理专业建设国际化的内涵

进入 21 世纪以来，国际化的涵义逐渐丰富，国际、全球和跨文化等维度均被引入高等教育国际化的内涵。加拿大著名国际教育学者柯尼特（Knight）认为，从国家层面来讲，高等教育国际化是国家和地区间广义的政治、经济、社会、文化、教育和人才培养合作中不可或缺的一部分；从大学层面来讲，国际交流与合作是高等院校提升国际声誉、提高学术水平、拓展人员间跨文化沟通和培养国际化人才的重要途径。

此外，国际化的模式也受到了学界的广泛关注。柯尼特将高等教育国际化分为"本地国际化"与"海外国际化"。其中，"本地国际化"指高校利用包括外籍师资、引进的课程与教材、跨境项目、留学生等在内的资源为学生提供本地国际交流与学习的机会；"海外国际化"则包含促进人员跨境流动的国际交流合作活动与项目、国际合作研究、跨境合作办学项目或海外校区等。综合这两种国际化导向，她进一步归纳了包含开展国际人员与学术交流合作项目，设置海外学位合作项目、联络办公室、海外校区，以及跨国合作创办大学等途径在内的三种国际化模式。柯尼特还提出了 9 个主要维度来衡量与追踪院校层面的国际化实践：①国际化顶层设计与评价；②师资与教职员工国际化；③国际合作协议；④学生海外交流经历；⑤本校国际学生；⑥国际化课程与学习；⑦国际合作学术研究；⑧国际教育与发展项目；⑨管理机制。

工商管理专业人才培养的国际化需求及模式具有其特殊性。该专业以培养企业家和职业经理人为使命，培养的人才需适应市场和社会需求，并且强调课程的实用性。随着全球化与跨国公司的兴起和扩张，社会对工商管理人才培养国际化的需求不断增加，并且对国际化的目标有着更为具体

的要求，即培养能适应多元文化环境、通晓国际商业准则与实务的商业管理人才。因此，具有跨文化沟通经验的师资、与国际接轨的课程、以学生为主体的国际交流项目是工商管理人才培养国际化中至关重要的组成部分。

（二）工商管理专业建设国际化的思路与做法

传统的国际化模式过于注重人员在地理位置上的跨境流动，往往使得国际化的性质发生了变化，形成为了国际化而跨境流动，将师生的跨境流动作为学校推进国际化战略的核心，把跨境人员的数量、高校参与国际项目的程度作为衡量学校国际化水平的标志，这显然违背了国际化政策的初衷，也无法惠及绝大多数学生。因此，山西财经大学工商管理专业建设的国际化培养在吸取国际化发展的经验与教训的基础上，从工商管理专业国际化教育改革的实质出发，主要从以下几个方面提高专业建设国际化的水平。

1. 国际化的先进办学理念

办学理念是高校的发展之魂，也是专业建设的基础。国际化的办学理念将为专业的长远发展奠定扎实的思想基础，并成为具有专业特色的核心竞争力的源泉。优秀的国际化办学理念能够孕育出各种发展战略来指导和推动国际化办学实践。因此，山西财经大学工商管理专业以培养具有国际化视野的企业家和职业经理人为使命，特别重视本专业的国际化发展，提升本专业的国际竞争力，以满足全国乃至世界各地企业的需要，为人类的福祉做出贡献，既致力于逐步提高在国际上的影响力，又致力于为本地服务。

2. 国际化的专业课程设置

工商管理专业教育的根本宗旨是培养具有管理知识和技能、善于进行国际沟通、具有全球视野和国际竞争力的企业管理人才。课程是实现人才培养目标的基础，体现国际化的课程设置才能保证实现国际化的人才培养目标。

为适应国际经济和社会发展的要求，山西财经大学工商管理专业的课程体系设置特别注重国际化取向，并在国际背景中呈现教学内容。例如，专业培养中开设了国际企业管理、国际人力资源管理、国际营销、国际物流等专业核心课，内容涉及让学生增强对世界多元文化的认同感、开拓学生的国际视野，结合世界历史地理、各国文化传统和生活习俗的通识教育内容，帮助学生理解和体会国际环境和国际管理中会遇到的情境，最终实现让学生具有国际化视野、善于进行国际沟通，培养起在全球竞争中的国际化企业管理理念和能力。

为保证专业核心课程内容的先进性和前沿性，在现有教材的基础上引进国外原版教材，采取一定程度的双语教学或全英文授课，在培养专业技能的同时，也培养学生运用世界通用语言表达专业知识的能力。

3. 国际化的优秀师资队伍

高等学校走国际化发展之路，教师的作用永远是关键。世界教科文组织的报告《财富蕴藏在教育之中》指出："在传授科学知识及开发人类创造力方面，教师永远是主要责任者，将始终起着主导作用。"教育国际化发展的大趋势和培养目标的国际化标准，对教师提出了更高更新的要求。教师的责任不再仅仅是传播已有的知识，更在于能引导学生掌握获取知识的方法，培养人的优良个性和创造能力，使学生能够走向世界，进行跨文化的沟通交流和事务处理。

师资队伍的国际化，不仅要求教师具有广博的文化知识和精深的专业知识，还须具备先进的教育思想和国际化的教育理念，掌握最新的教学方法和教育技术，更应具有敏锐的洞察力和历史的责任感。只有教师本身成为了高素质的"通才"，才能培育出适应时代发展要求的创新性人才。

山西财经大学工商管理学院近年来鼓励教师多多参加各种各样的国际或地区间的学术交流与合作活动，让教师能够经常"走出去"；同时也大力"引进来"，从国际、国内引进名师、强师，使学校的师资力量真正成为适应教育国际化的高素质师资队伍；持续引进有留学背景和具有良好发展潜质的优秀青年人才，完善引进高层次人才的国际化评价体系，通过各种方式吸引优秀的外籍教师到学校参加教学科研工作，目前已有数名美国高校的终身教授与学院建立了长期的教学科研合作关系。同时，支持本土教师尤其是中青年骨干教师到海外留学、访学，聘请外教为学院教师进行英语口语培训，鼓励和支持教师积极向国际期刊投稿，担任国际期刊、国内期刊（国际版）编委，参加重要国际学术会议并做特邀报告、主题报告等。此外，鼓励和支持教师积极参与国际科研合作，依托科研团队以及获批的多项国家自科、社科、教育部课题，加强与国外高校的学术合作。这些措施有效提高了师资队伍的国际化水平。在服务地方经济方面，依托工商管理专业已有的多个实习实践基地，开展为山西企业提供国际化咨询和管理服务，构建本土企业与海外企业的沟通桥梁，在积极推进本土企业国际化的同时，也提升了工商管理学院教师的国际营销、国际管理等相关理论在实践中的应用能力。

4. 广泛的国际化学术交流与合作

充分开展国际合作、校级合作和平台建设，是国际化实现的必要手段。此外，还涉及师资的国际交流与合作、学生的国际交流学习项目、国际生源的引进与培养等。为此，山西财经大学工商管理学院首先是尽最大可能促成本土教师赴国外参加培训、进修、交流和访学活动，并努力引进外籍教师参与本科教学实践活动，努力培养工商管理专业本科教学专任教师拥有先进的、国际化的商业和管理知识和技能，以及适应时代和社会发展、不断进行知识技能自我更新的能力。其次，为本土学生提供国际交流学习的途径，学生可根据自身的需求和条件，通过双学位项目、交换项目、暑期项目等到海外学习交流，并依托海外合作院校、校友资源等，为师生进行国际交流与合作提供支持与帮助。同时，还努力开发留学生和国际学生资源，使学生处于多元的文化环境，一起学习，提高学生的国际沟通能力，使学生生源逐步国际化。目前工商管理专业本硕博各级学位，均有来自海外的留学生。学院甄选具有国外留学、访学以及英语基础良好的教师组成留学生授课团队，紧跟前沿的商科发展理念，更新教学要件，不断优化教学内容，提高授课效果；通过加大向留学生授课团队的资源倾斜，逐渐形成了留学生教育的良性循环发展机制。

此外，注重与国际知名大学建立长期友好的协作关系，经常举办国际性的大型学术研讨会，邀请世界知名专家来校讲学，并进行广泛深入的合作研究，与境外高校建立频繁的教师互访制度，充分利用假期时间互派师资进行教学交流和学术访问。目前已先后有英国德比大学、捷克西里西亚大学、英国阿斯顿大学、澳大利亚阿德莱德大学、捷克奥帕瓦西里西亚大学、英国阿伯丁大学、意大利佛罗伦萨大学与工商管理学院进行接洽，目前工商管理专业本科生及企业管理研究生均有参与上述大学的交换生项目，形成多类型、多层次、多途径的学生海外学习系统。

这些理念和措施的实施，营造了良好的国际学术交流与合作氛围，大大提升了工商管理专业建设的国际化水平。当然，尽管如此，山西财经大学作为中部双非院校，受制于办学实力和办学经验的局限，工商管理专业的国际化建设未来仍有很长的路要走，适应国际化建设的体制机制需要进一步完善，学生的全球视野有待进一步拓展，留学生规模、国别结构及其课程体系仍需优化，融汇多元文化的校园文化亟待丰富，支撑国际化建设的管理、保障服务体系和资金支持等也有待进一步加强。

三、山西财经大学工商管理专业建设国际化的未来发展

（一）推进国际化认证

日益获得全球权威商学院体系殊荣的 AACSB、EQUIS 和 AMBA 国际认证体系，对工商管理专业建设和发展，具有规范和促进作用。通过认证，可以使学院的使命更加清晰，更加适应社会需要，实现人才培养的高水平国际化。因此，未来工商管理专业国际化特色就以国际认证工作推进为契机，深化国际化培养的内涵，建立高质量、国际化的学位项目，完善全球化导向的管理制度。

1. AACSB 认证简介

国际精英商学院协会（Association to Advance Collegiate Schools of Business，AACSB）是全球首屈一指的商学院和会计项目非政府认证机构，AACSB 教育认证采取由该协会专门执行、全世界高等管理教育机构自愿参与的方式，目的在于为学士及硕士学位课程进行学术鉴定。

AACSB 成立于 1916 年，由哈佛大学、哥伦比亚大学等 16 所大学于 1916 年制定了认证标准，针对学科或项目进行认证，通过认证评估毕业生是否达到认证要求的质量，即所谓的 AOL（Assurance of Learning）。AACSB 的特点是使命驱动、质量导向、学生为本、教师为主、持续改进。

具体体现在两个方面：其一，项目所培养的学生是否达到了预期的培养质量；其二，强调量化和可度量的方式，即必须以数据来说明各项指标是否与其使命相符。

具体来说，AACSB 认证标准主要分为四个部分，即战略管理与创新、参与者与学生、师资和行政管理人员、教与学、学术与职业参与。进而引申为 15 条认证标准。15 条标准中关键词是创新、影响与参与。也就是说 AACSB 不仅强调使命的体现，而且更看重学院在教学、科研、社会服务等方面的创新，所产生的社会影响及教师、学生在学术和职业方面的参与程度，而这些对于商学院国际化发展的内涵建设具有至关重要的作用。

2. EQUIS 认证简介

欧洲质量发展认证体系（European Quality Improvement System，EQUIS）是欧洲管理发展基金会（EFMD）主办的以认证为手段，对高等管理教育机构进行质量评估，推动管理教育进步的国际认证体系。EQUIS 是从整体上来评价商学院。认证时，EQUIS 除要求申请认证院校提供其具有高水平的教学标准的有力证明外，国际化也是一个非常关键的要素。被评估商学院的课程需要高度国际化，学生必须具备全球视野和使命感。另外，被评估的商学院要保持专业理论知识和商业实践之间的联系，具体地说就是要与工商业界有密切的关系，能够推动商业研究工作。

EQUIS 的认证共有十条标准，包括：环境、使命和战略，项目质量，学生质量，师资质量，科研发展，高层培训，社区贡献，资源和管理，国际化，企业关系。EQUIS 考察商学院在使命目标指导下的项目、学生、师资、科研、高层培训、资源和社区贡献的情况，以及考察这些方面实施中的国际化程度和企业关系的拓展情况。国际学生人数、课程中跨文化交流的情况、教材的国际化、到海外学习和实习的学生人数、毕业生到国外就业的人数、外籍教师的人数、教师的海外经历、教师的外语水平、国外客座教授的人数、参加国际会议的人数、国际期刊发表以及在欧洲以及全球商业环境下的教学等。

3. AMBA 认证简介

国际 MBA 协会（Association of MBAs，AMBA），于 1976 年在英国成立，致力于促进管理类研究生教育的发展。AMBA 协会的认证服务始于 20

世纪 80 年代末期，注重体现商务和管理实践的发展，目前只针对 MBA、DBA、MBM 项目进行认证，其主要目的是提升国际管理教育的质量。除认证服务外，AMBA 协会还为 MBA 学生、MBA 雇主提供服务，致力于建立一个全球的学生网络、商学院网络、学生雇主网络，为学生、商学院、企业提供管理教育的信息和交流的平台。目前全球已有来自 72 个国家 200 余所商学院通过了 AMBA 认证，中国内地通过 AMBA 认证的商学院有 21 所，包括北京理工大学经管学院、厦门大学管理学院、中欧国际工商学院、电子科技大学经管学院、上海财经大学商学院、中国人民大学商学院、上海交通大学安泰经济管理学院等。

AMBA 协会认证的具体标准包括：师资质量、学生质量、培养的知识和技能、教学效果、学制和模式。AMBA 认证的标准相当于将 AACSB 认证的第三大标准——教学保障体系缩小于仅仅评估 MBA 项目的范围。AMBA 认证理念的核心是主要考察两个方面的内容：第一，学院体制、师资质量、学生规模是否能支持 MBA 项目的发展；第二，MBA 项目的培养目标、培养方式、考核体系是否合理且能够确实有效地运行。

山西财经大学工商管理学院以认证促发展，以认证保质量为出发点，自 2018 年 12 月启动国际认证工作以来，认真落实学校制定的《推进商科教育和公共管理教育国际认证行动计划（2018－2025 年）》，2020 年工商管理学院正式成为 AMBA/BGA 会员，成为山西省首家获得 AMBA/BGA 正式会员资格的高校，为下一阶段的国际认证工作打下了良好的基础。目前正积极推进三项认证工作。根据认证标准，规范并改进专业建设和学生培养方式。首先，AACSB 等认证关注的是教育质量，认为质量是在师生互动的教学实践中创造出来的。如果在教学项目中，学生能与骨干教师充分互动，那就属于 AACSB 认可的高质量的学位项目，同时要关注申请院校的成员实现使命的决心、教员的发展规划、计划的编制和指令的传达等。其次，认证的指导原则之一就是接受并鼓励通过不同的方法实现管理学教育的高质量，评估程序支持管理学教育中百花齐放的使命与教学方式。最后，认证强调申请学院应采取一系列措施以加强课程设置、提高教师水平、改进教学方式和发展科研活动等。因此，获得 AACSB 认证资格的工商学院必然具备以下特征：根据不断调整的使命进行管理资源；教师拥有先进的商业和管理知识；提供高质量的教学和前沿的课程体系；鼓励师生互动；培养的毕业生能完成学习目标。

在认证组织上学院成立了 AMBA 国际商科认证工作小组，由具有国外留学经历的相关教师作为负责人，由新近入职的具有较好英语基础的名校博士作为基本成员，日常工作除了了解高等教育国际化的发展状况以外，主要进行国际化与本土高等教育的"融入"工作，即如何将国际化融入学院的愿景、宗旨；融入人才培养方案的制定、课程讲授、评估；融入包括留学生在内的学生录取与日常管理；融入科研管理以及国际化创新活动；融入教师的职业发展规划。邀请已经获得 AMBA 国际商科认证院校的相关负责人进行认证流程及相关注意事项的培训，提高全体教师对于国际商科认证重要性的认识，进一步明确了认证工作的基本要件和基本流程。

（二）明确培养国际化人才的使命与战略

在我国高校的国际化进程中，后发院校可以从领先院校的发展历程中有所借鉴和思考。比如，一些高校的国际化主要表现为投入大量的资金和人力招收大量留学生，却没有认真考虑这与学校总体的国际化发展战略之间的关系是什么，似乎只是为了招收留学生而招收留学生，却忘记或忽略了国际化人才培养的使命和意义。因此，为了避免使命不清而导致的为了国际化而国际化，山西财经大学工商管理学院在人才培养方案设计时，还要综合学院使命，突出国际化人才培养的使命和战略部署，做好宏观把握，使国际化人才培养战略设计与学院整体发展规划相契合。一定要明确培养国际化人才的使命与战略，从根本上明确国际化要达成何种目标，确保国际化战略目标指向清晰。并明确要分几步达到这样的目标，制定长远的战略规划。

这就要求工商管理学院首先要确立明确的使命目标，同时以使命为导向在学院资源、师资建设、招生政策、管理制度、学院活动等各方面都体现与使命目标的一致性及合理性。目前国内绝大多数商学院都逐步制定了自己的使命目标，明确了自己的办学理念。例如，清华大学经管学院的使命为"创造知识，培育领袖，贡献中国，影响世界"；中国人民大学商学院的使命为"立足中国实践、贡献管理知识、培养领袖人才、促进社会发展";上海交通大学安泰经济与管理学院的使命为"将上海交通大学安泰经济与管理学院建设成为国内领先、亚洲一流、经过若干年的努力,进而成为世界一流的商学院"。

AACSB 认证认为,在制定学院使命时要注意两点:一是使命目标的制定并非越高越好,而是需要真正符合学校外部政策和经济环境、学校的历史传统、实力资源等。比如中国香港的大学普遍空间狭小,但大部分大学都积极将国际化作为发展目标,努力培养"立足香港、内地,面向亚太、世界"的国际通用人才。例如香港科技大学将自身定位为一所在国际上具有深远影响,而又致力为本地服务的优秀学府。二是使命目标与学院资源的一致性。学院资源包括:财务资源、校区资源、师资资源、行政资源、管理制度等。学院在制定使命目标时,要考察学校的财政资源、硬件资源在可预计的时期内是否具有足以支持学院发展目标的能力,学院的师资力量、科研水平、行政人员水平、行政管理效率是否达到实现使命目标的要求。因此,学院需要制定与使命目标相一致的招生战略、师资发展战略、科研发展战略、管理制度等。

山西财经大学工商管理专业确定的使命为:立足资源型经济转型需求、面向全国,培养具备国际化视野、拥有卓越的企业管理能力的新时代企业家和职业经理人。以此为出发点,未来还需详细制定教学、科研以及国际交流与合作齐头并进的国际化人才培养战略,明确发展思路。并借鉴领先院校的先进国际化办学理念、管理机制和管理模式,进一步改革创新工商管理专业的管理体系和管理工作机制以适应国际化办学需要。

(三) 坚持"本地国际化"理念

国内在国际化道路上属于领先者的对外经济贸易大学的国际化建设过程,总体上就是一个"本地国际化"的过程。该学校认为,"本地国际化"的核心内容就是以学生具有跨文化交流能力和国际竞争力为目标,以经济全球化和信息技术的高度发达为背景,立足本国、本校,形成国际化人才培养体系,使全体学生接受国际化教育,成为国际化人才,以适应时代发展对国际化人才的需求。山西财经大学作为地方院校,在国际化方面的先发优势自然不明显，而对外经济贸易大学的国际化培养理念和具体做法为山西财经大学工商管理专业的国际化培养提供了很好的思路，值得借鉴。

相关数据表明，只有10%左右的欧洲学生有海外学习经历，美国的海外留学人数比例更低。我国学生虽然出国留学愿望比欧美国家强烈，但因我国经济发展水平与发达国家相比仍有很大差距，出国留学比例依然较低。因此，绝大多数学生必须在国内完成他们的国际化培养过程。这就要求我们在专业培养过程中既要强化国际化人才培养特色，又必须尊重国情、校情和教育教学规律，从实际出发。而"本地国际化"的教育理念，要求我们不断完善"本地国际化"人才培养体系，深化改革，创新人才培养模式，探索出一条具有山西财经大学特色的国际化人才培养途径。

山西财经大学的实际条件无法实现大部分工商管理专业学生到海外留学或交流，对于没有机会流动的绝大多数学生而言，如果他们无法融入国际化的世界，那么他们如何具备国际素养和能力呢？德国学者贝恩德·沃切认为：推动本地国际化对于高校而言较为切实有效，即大力开展除师生国际流动之外的所有与国际事务相关的活动。本地国际化实施的关键是在学习中营造跨文化与国际性的教育氛围，寄希望于打造以国际化课程为中心的专业，使身处其中的所有学生都从中受益。同时，结合为留学生开设的国际化课程，逐渐让更多的学生适应在全球语境以及跨国环境中进行跨国交流与业务合作，培养其国际管理能力。

因此，山西财经大学工商管理学院要努力培育多元化的学院文化，积极打造具有专业特色的本地国际化发展模式，在教学中设计多种课程和场景，让所有学生在学习过程中有机会接受各种有关国际管理环境、管理思维以及跨文化影响等方面的教育来提升自身能力，应对不断变化的各种全球化问题对管理能力的需求。

（四）探索国际化人才培养模式

完善"本地国际化"人才培养体系，首先要解决本专业的人才培养规格、主体培养模式与国际接轨的问题。因此，要认真研究教育发达国家的教育理念，确定人才培养思路并制订与之相对应的培养方案，按学科专业发展和社会需求设置精干和具有特色的专业技能课程。既以学术研究为导向，培养有科研潜力的学术型人才，又以社会需求为导向，重视培养参与国际人才市场竞争的应用型人才，增强国际管理人才适应社会需求的能力。

在探索国际化人才培养模式方面，要突出人才培养特色，借鉴教育发达国家的经验，在国际化课程方面实现主修和辅修相结合，在国际交流合作方面实现国内培养和国外培养相结合，在能力和实力体现方面实现学术教育与国际职业资格认证相结合等多样化、选择性培养模式。经过多年来的教育实践，可以看出教育发达国家为了增强学生的就业能力，拓展学生的发展空间，十分重视学生的全面发展能力的培养，从而增强学生的专业技能和就业竞争力。所以，山西财经大学工商管理专业今后要加强与国际名校和教学培训机构合作，探索多层次、多渠道国际化人才培养模式，形成多种国际化人才合作培养模式。

（五）完善国际化教学体系

参照欧美顶尖商学院的课程体系，一些国内先进的工商管理学院采用课程模块的概念，将国际化模块融入课程体系。其中，国际化模块既包含国际商务课程、跨文化沟通与管理课程，也包括海外学习与参访课程，理论结合实践以帮助学生理解全球商业运行模式，为其加入全球商业竞争奠定坚实的基础。为了使学生全方位体验国际顶尖商学院的培养模式，在比照欧美顶尖商学院设置课程体系的基础上，在未来的国际化培养中，工商管理专业要逐渐从本地国际化发展成为以"本地国际化"为主、"海外国际化"为辅，培养具有全球视野和跨文化管理思维的企业家和国际管理人才。

国际化教学体系设计中，尤其是课程体系设计中要加大国际化的力度和难度，如国际化课程体系中的必修课程应逐渐过渡到均为全英文授课并配备一定比例的海外师资，还可以引进国外优秀商学院的优质在线课程和不同形式的海外学习项目。也可以与国内知名高校合作，将一部分关键高端课程邀请这些知名高校教授来授课。同时，利用好本校相对成熟的其他专业的国际课程，尤其是精品课程、网络共享课程等，形成协同效应，在继承优良传统的基础上，结合学校实际，与时俱进，逐步构建和完善国际化教学体系。

在网络资源逐渐丰富，学习方式和学习时间相对自由等各种有利条件下，工商管理学院应鼓励工商管理专业学生参与由各国名校举办的网络化"全球课堂"，使用世界著名高校的开放课件（如 MIT 的 Open Courseware 等），有效利用先进的教学资源，补充本校专业资源缺乏的缺陷，实现学生学习中师资来源的多元化，体验具有国际学术背景的师资队伍所带来的教学理念和知识的丰富化。

为更好地实现以上构建的教学体系，当前要重视双语教学，而它的基础是推动大学英语教学改革，提高学生英语口语和专业英语听说读写各方面的技能。只有扎实英语技能、开展双语教学，才能为培养具有国际竞争能力人才提供重要的基础实践手段。据调查，目前山西财经大学工商管理专业的学生对双语教学大多表示认同和满意，并能积极配合和努力提升自己在英语技能和专业知识方面的水平。同时，在教学过程中引入案例教学法和模拟教学法等多种教学手段，努力让学生体会和感受在各国不同文化和环境背景下，面对陌生的决策情境该如何应对和解决问题。

（六）加大教师和学生的国际交流与合作

为了更好地完成培养任务，培养出符合具有国际视野、拥有国际管理能力的企业家和职业经理人，加大教师和学生的国际间交流与合作是必不可少且至关重要的一个环节。具体的做法一般包括教师和学生两个方面。

教师的国际交流与合作通常表现为：①学校或学院与国外知名大学建立合作关系，定期派相关教师去这些大学留学、访问、交流和进行经验分享；②与国外知名院校建立合作项目，双方互派教师进行项目开发和研究工作，便于各国教师之间在工作中互相学习，深入理解和掌握对方的知识架构和学生培养方式等；③教师自己申请相关的学校进修，进行深入学习和科研工作，提升自己在相关专业方面的国际化教学和科研水平；④邀请国外著名学者、教授以及企业界管理人才来我院交流访问，或以讲座等形式给教师传递和更新知识、信息，更新教师们在国际化教学中的知识和技能，同时提升教师在国际化信息方面的辨识力和创新能力。

教师通过留学、进修，甚至在国外暂时工作等途径，可以获得海外学习和在其他国家工作的经验等一手资料，这为以后的国际化教学和国际的学术交流奠定了坚实的基础。因此，学校应该采取多种措施鼓励教师出国进行长期的进修学习和深造，或短期的讲学、学术访问，甚至可以提供驻外或在国际机构工作的途径让教师经历更加丰富和切合实际。通过以上多种手段和方式，学院国际化的师资队伍建设才能取得丰硕成果，才能更好地服务于培养国际化的管理人才。

学生在国际交流与合作方面有更多的形式，国际交流学习项目是国际化人才培养中至关重要的一部分。学生可根据自身需求和条件，通过双学位项目、交换项目、暑期项目、海外学习模块等赴海外学习交流的方式实现国际化能力的培养。

（1）双学位项目。学生可以在国内学习 1～2 年，然后到国外合作学校继续学习，毕业时学生既可以获得国内专业学位，又能取得国外合作大学的学位，双方的培养方式可以起到互补的作用，事半而功倍。

（2）交换生项目与暑期项目。学院今后要与海外合作院校开展交换生项目与暑期项目，这在某种程度上可以为学生提供多样化的海外学习经历。要创新性地拓展多元合作渠道开展国际化的交流与合作，利用各种有效的合作项目提升学生的国际化体验，既能实现合作院校的培养共赢，又能通过交换生项目数量的显著增长使得学生国际化适应能力和实践管理能力提升，同时弥补经费及资源紧张这一不足，实现学生培养质量和地区多样性的需求平衡。目前，我国的许多高等院校和国际化程度较高的学院均很大程度用交换生项目和暑期项目满足学生国际化培养的需要，并取得了很好的效果。

（3）海外学习模块。海外学习模块是工商管理学院实施国际化培养的重要途径。AACSB 国际认证对国际化水平有着明确的要求，国际化商业环境也使得学生对国际化培养体系有着极高的期待。海外学习模块因其短期紧凑的授课方式、高水准的合作院校和课程安排而备受学生的青睐。此外，与海外双学位项目、交换生项目和暑期项目等合作模式相比，海外学习模块的学生容量相对较大，不失为大幅度提升学生海外学习比例的良好途径。学院今后要定期开展以国际发展共性问题为主题的海外学习模块，模块内容可结合主题研讨与企业参访,使学生可以在短期内完成相关内容的海外学习,还能节约人力、时间和金钱成本。

在国际合作项目运行良好的基础上,将来还要依托海外合作院校、校友资源及跨国企业共同打造海外平台,构建以美洲、欧洲、亚洲海外一流院校为横轴,双学位项目、交换生项目、暑期项目和海外学习模块等为纵轴的海外学习实习矩阵,实现全方位、立体化的国际化培养模式。

(七) 加强英语基本技能与跨文化沟通能力的培养

为了增加学生国际交流与合作,成为真正能适应全球化发展的国际管理人才,学生的英语技能必须提高。因此,加强英语基本技能的培养和训练是国际化人才培养的基础环节。学生要积极努力掌握英语的听说读写各项技能,才能真正有效调动学生对国际化课程的学习积极性和主动性。今后要尝试鼓励学生采用外语写作毕业论文,严格控制选题、写作、评阅、答辩等环节,鼓励学生用外语思维,查阅外语文献资料,促进其外语实践能力提高。

在学好外语的基础上,为了更好地管理国际业务,学生要加强跨文化交流和沟通的能力。要鼓励本土学生和来自其他国家和地区的来华留学生一起学习,交流各自的思想和困惑,针对跨文化问题积极交流探讨,增进相互理解。同时,利用外派学生出国短期留学、进修的机会,以及院校合作开展多样化的学生交流、交换项目,鼓励学生多与国外学生、教授、企业员工、经理等人员进行交流,了解各国文化和管理差异,在实践中锻炼和提高语言技能和沟通能力。

总之,国际交流与合作是现阶段工商管理专业走国际化发展之路、拓展教师与学生国际发展空间的必然选择,面对经济全球化、区域一体化的世界发展形势,要践行培养现代企业家和职业经理人的使命,山西财经大学工商管理专业的国际化建设是一个系统、复杂的过程,要将借鉴和创新结合起来,走具有自身特色的国际化发展之路。在引进国外大学丰富的教育资源的基础上,借鉴吸收国外大学先进优良的教学、科研和管理经验,着力培养具有中外多种语言能力和文化背景的复合型创新管理人才,为国际企业造就更多的企业家和优秀管理人才。

参 考 文 献

[1] 程凤英.高职院校以赛促教、以赛促学教学模式的探讨——以《市场营销》课程为例 [J].现代经济信息,2017 (9).

[2] 崔苗.独立学院工商管理实践教学体系构建与实施 [J].现代商贸工业,2015,36 (21).

[3] 丰宝丽.山西票号激励约束机制研究及启示 [D].山西财经大学,2008.

[4] 韩鹏程.山西票号对现代企业激励制度的启示 [D].北京:首都经济贸易大学,2018.

[5] 金宗安,项莉萍,李棚."以赛促学、以赛促教"教学模式实践与研究 [J].铜陵职业技术学院学报,2016,15 (3).

[6] 李洁.浅论晋商精神对山西经济发展的启示 [J].中国市场,2018,977 (22).

[7] 李娜娜,石永英,李学强.晋商精神与大学生创业教育 [J].山西广播电视大学学报,2013 (3).

[8] 李沁蓉,冯玉芝.晋商文化对大学生创业教育的影响 [J].经营与管理,2016,379 (1).

[9] 鲁汇,陈子清.基于学科竞赛的市场营销专业实践教学改革研究 [J].知识经济,2017 (2).

[10] 牟绍波.基于校地合作的工商管理专业实践教学体系构建 [J].现代商贸工业,2012,24 (6).

[11] 邱丽娟.工商管理专业实践教学的探索 [J].西部素质教育,2018 (5).

［12］申琦．高职院校"以赛促学、以赛促教"的现状浅探［J］．文教资料，2018（24）．

［13］石丽萍．晋商激励机制对现代企业的启示［J］．晋中学院学报，2011（6）．

［14］石永英，李娜娜．晋商精神浅议［J］．山西经济管理干部学院学报，2013（1）．

［15］汪澜．基于学科竞赛的市场营销实践教学研究［J］．现代商贸工业，2018（30）．

［16］汪天鸣．晋商激励制度及治理模式对现代企业管理的启示［J］．商场现代化，2017（13）．

［17］徐鑫．"以赛促教"教学模式的思考［J］．科技视界，2017（22）．

［18］许继荣．山西高校进行晋商精神教育的途径［J］．经营管理者，2013（15）．

［19］张春颖，乔梅．高校工商管理类专业实践教学保障体系的构建［J］．长春大学学报（自然科学版），2011，21（6）．

［20］张国栋．晋商人力资源开发与管理的发掘与借鉴［J］．中国人力资源开发，2012（4）．

［21］张素姣，张晶，阎俊爱．财经类院校工程管理专业实践教学体系构建［J］．高等财经教育研究，2014（4）．

［22］招建贞．基于产学研"协同育人"理念的工商管理专业实践教学体系构建研究［J］．现代企业教育，2014（22）．

［23］赵亚荣．晋商与徽商经营管理模式比较研究［D］．河北经贸大学，2016．

［24］郑石桥．山西票号内部控制考略［J］．会计之友，2011（12）．

［25］Hubbard, R. G. The Best Business Education Ever.［J］. BizEd, 2007, 6（5）．

后　记

　　本书是杨俊青教授作为负责人承担的山西省高等学校优势特色专业教学改革项目与山西财经大学工商管理国家一流专业建设点的研究成果。研究过程得到山西财经大学工商管理学院领导班子大力支持，工商管理学院骨干教师倾情参与本书编写工作，山西财经大学工商管理学院周志刚副书记、创业学院陈建芳老师为本书编写提供了大量大学生创新创业资料，感谢各位领导和同事的鼎力支持和帮助。

　　本书撰写的具体分工如下：杨俊青负责确定总体框架设计、内容构成与写作思路，并撰写第一章；杨菊兰撰写第二章、第十一章；张晓霞撰写第三章；薛继东、岳峰凯（2018级人力资源管理专业硕士生）、闫珊（2019级人力资源管理专业硕士生）共同撰写第四章；王红芳、梁彦清共同撰写第五章；卫虎林、周志刚共同撰写第六章；于慧萍撰写第七章；张晓霞、王红芳共同撰写第八章；张莉艳、齐永智共同撰写第九章；张香兰、王瑞娜共同撰写第十章；温晓娟、程艳共同撰写第十二章。由杨菊兰、杨俊青负责全书的统稿。

　　本书在写作过程中参考了国内外同行的诸多研究成果和观点，出版得到山西省教育厅"优势学科攀升计划"（晋教研〔2018〕4号）、山西省"1331"工程国家一流专业建设项目的资助，在出版过程中，也得到了经济科学出版社的大力支持，在此一并表示感谢！